U0060029

大都會文化
METROPOLITAN CULTURE

大都會文化
METROPOLITAN CULTURE

交心

別讓誤會成為拓展人脈的絆腳石

目錄

前言・交心——別讓誤會成為拓展人脈的絆腳石

與人相識、相知，貴在交心。所謂交心，意即對朋友以真心交換情感，同時真心交陪，絕不是隨便敷衍、虛應一下。因為往往一個不小心、不認真或不注意時，一句話或是一個動作，就足以造成彼此之間難以排解的誤會或誤解。

誤會是人與人之間的一道牆，也可以說是世界上最常見又最可怕的事。這絕對不是危言聳聽，因為誤會所衍生出來的惡果和悲劇，我們已經看得太多太多。

因為誤會，可能引起工作上的分歧，造成團體和個人無法估計的損失；因為誤會，可能會讓別人誤解自己的人品，成為大家背後指指點點的對象；因為誤會，可能會讓多年志同道合的朋友分道揚鑣；因為誤會，可能會讓如膠似漆的戀人勞燕分飛……。如果不是因為誤會，奧賽羅就不會殺死自己的妻子，造成終生的悔恨；如果不是因為誤會，羅密歐和茱麗葉也不會雙雙殉情，造成千古流傳的悲劇……。所以，誤會是一件非常可怕的事情，如果不

正視這個問題，很有可能會讓你後悔終生。

而誤會的產生，通常有著很多原因。有的是因為雙方溝通得不夠清楚，誤解了對方的意思；有的是因為心中的成見，不管對方做什麼，都會對他產生誤解；有的是因為雙方心理、思考方式等各個方面的差異，造成了對同一事物不同的理解，也就難免會發生誤會。只要我們能夠找出誤會產生的原因，解除誤會也就顯得輕而易舉了。

要與人交心，得避免誤會，多注意與對方的溝通，往往是解除誤會最簡單也最有效的方法。只要雙方能夠在冷靜的心態下，坦誠地相互溝通，把所有的問題和歧見都能夠談清楚，誤會也就沒有存在的空間了。即便誤會已經發生了，只要雙方能夠坦誠地溝通，就可以及時地消除誤會，把誤會造成的損失降到最低。

無數次經驗已經告訴了我們，千萬不要把事情藏在心裡，按照自己的想法進行推測，這樣做只能使誤會不斷加深，不但不會消除誤會，反而會把誤會造成的損失無限擴大，等到有一天，當你發現一切只不過是一個誤會的時候，即便想要挽回，恐怕為時已晚。所以，及時地消除誤會，對我們每一個人都是有百利而無一害的事情。

千萬不要小看誤會這條毒蛇，它隨時可能吞噬掉你周圍的一切，甚至是你自己。為了避免造成不必要的損失，避免造成終生遺憾的悲劇，在與人往來、交心時，一定要隨時注意不要產生誤會，不要輕易地誤解他人，更不要被別人誤解。

交心—別讓誤會成為拓展人脈的絆腳石

第一章・交心前，先避免誤會

在我們的生活中，誤會往往是難以避免的，它給我們帶來了很多麻煩。我們需要好好地想一想，這些誤會都是因為什麼而發生的。

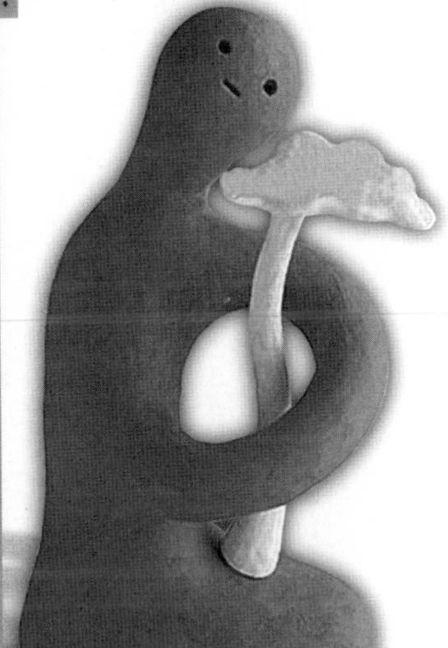

造成誤會的五種原因

社會是由形形色色的人和不同的工作團體所聚集成的，每個人的立場不同，工作性質也都不同。在眾人群聚的工作場所裡，總會發生一些讓人意想不到的誤會，甚至是摸不著頭緒的糾紛。

當遭人誤解時，無論你做什麼都會顯得困難重重，不但是自己受損失，還會影響到其他人的利益。所以，與人交往時必須學會如何應付誤會。這裡首先談談造成誤解的幾種原因：

1. **言詞表達不足：**有的人不管是在表達訊息，或者說明某些事情時，常常在言詞上有所欠缺，結果弄得只有自己明白，別人搞不清事情的真相，這種人就是缺乏「讓對方明白」的認識，以至於容易招來對方的誤解。

2. **過分小心：**有的人不管什麼事，都顧慮過多，從不發表意見。因此，個人的存在感相當薄弱，變成容易讓人誤會的對象。這樣的人總希望對方不必聽太多說明就能明白自己的想法，缺乏積極表達自己意見的魄力。對於這種類型的人而言，含蓄並不是美德，這一點要好好反省。

3. **自以為是：**有一種人是頭腦聰明，任何事都能辦得妥當，因此經常自以為是，我行我素。

即使著手負責一件新工作，也從不和別人商量一下，只管自作主張地幹活。這麼一來，即使自己把工作圓滿完成了，主管及周圍的同事也不會表示歡迎。

4.整體造形的印象不好：人對視覺上的感受印象最深刻。雖然大家都明白不可以貌取人，但是，實際上雙眼所見的形象，往往成為評判個人的標準，這個印象可能是造成誤解的原因。如果在公眾場合，你衣冠不整，言談舉止不拘小節，會讓周圍的人產生不好的印象，且造成誤解，若不早點改善，恐怕不好收拾。

5.缺乏體貼：縱然只是一句玩笑話，但若造成對方的不快，恐怕也會導致意想不到的誤解。甚至是一句安慰、感激的話，如果對方接受的方式不同，也可能變成誤解。因此，在說話之前，一定要先考慮對方的狀況，以及接受的態度。

夫妻溝通的六大盲點

一對夫婦驅車外出，半路上妻子問：「想停下來喝點什麼嗎？」

「不，謝謝。」丈夫道。於是他們繼續趕路。

實際上呢？妻子是很想停下來喝點什麼的，因為自己的願望沒有被重視而面有慍色。丈夫見妻子不高興，還莫名其妙，覺得很掃興。

她有話為什麼不直說？其實他沒明白，妻子問他不是要他拍板決定，而是在與他商量。而妻子也沒意識到，丈夫說「不」時，只是在表明他自己的意願，並無任何強人之意。當夫妻交談中因彼此的誤解而產生抵觸時，他們彼此不滿，指責對方自私，不體諒別人。

夫妻語言溝通的誤會在哪裡呢？詹姆斯·皮爾教授指出，夫妻語言交流主要有以下六大盲點：

1.保持地位與尋求支持：男人的世界裡，談話常常是較量——不是要佔上風就是要避免受別人的擺佈。而對於許多女人，談話只是為了尋求相互支持和確定。

每當人們說「那有多艱難，你怎麼受得了」時，妻子就把他們的話當作同情接受下來。丈夫對此並不以為然。丈夫認為他們有他們的優勢：在大學任教或是擔任某部門的經理，可

以共用比別人更長的週末和假期。妻子不明白丈夫為什麼要說這些。丈夫覺得別人的話裡含著這樣的意思：你們的婚姻不是真正的婚姻；我與妻子在一起，我們可沒有你們那種兩地生活的煩惱。在丈夫向妻子指出這點以前，妻子絲毫也沒意識到別人的話裡可能隱含著某種「勝你一籌」的優越感。男人是把世界看做是一個大舞臺，他們必須在那裡佔據和保持一個位置、地位；而女人的眼裡，世界是一個相互聯繫的網，她們尋求的是理解和認同。

2.依賴與獨立：女人希望彼此親近、相互支持，她們努力維護這種親密的關係。而男人在乎的是地位和威望，他們要求獨立。這些不同的想法常常導致男女雙方在同一件事件上做出完全不同的反應。看一下這個例子：

俊男一位高中時的同學出差來到他居住的城市，給他打來電話，他高興地邀請老同學週末到家做客。晚上回家後，俊男把這事告訴了妻子又琳。

又琳有些不快地說：你邀請客人為什麼不事先跟我商量一下？「你為什麼不告訴你朋友，你得先跟妻子說一聲？」又琳忍不住問。

「我怎麼能說我必須先徵得妻子的同意！」俊男生氣地回答她。

在俊男看來，與妻子商量就意味著他沒有獨立行事的自由，這會讓他感到自己像個孩子，是個怕老婆的人。可又琳卻很樂意說：「我得先和老公商量一下。」因為又琳認為，這只是在表明她與俊男很親密，這有什麼不好呢？

3.**提出建議與渴望理解**：麗娟因乳腺瘤剛做了手術。一天，她對丈夫錦川說她很苦惱，因為手術破壞了乳房外形。錦川對她說：「那妳可以做一次整形手術啊。」

這個建議讓麗娟十分不快，她說：「我很難過，你不願看到乳房變成了這個樣子，但我不想再做任何手術了！」

錦川大惑不解，不知如何勸慰才好。

「可我一點也沒有在乎那個疤呀！」他申辯說。

「那你幹嗎還要我做整形手術？」麗娟問。

「那是因為你對那個疤很苦惱。」錦川回答。

男人往往把抱怨、訴苦當做挑戰對象，他們關心的是找到解除困難的辦法。錦川只是認為，當他告訴麗娟可以透過手術來消除乳房上的那個疤痕時，他是在幫助妻子解決煩惱。但是，女人常常需要的不是具體的辦法，而是感情上的理解和支持。

4.**務實與重情**：記得有部動畫片，丈夫在打開報紙時對妻子說：「在我讀報前你有什麼要說

在我們的生活中，誤會往往是難以避免的。我們需要好好地想想，這些誤會都是因為什麼而發生的。

的嗎？」妻子當然沒什麼非說不可的要緊事。不過，丈夫在家埋頭看報時，妻子常常是想說點什麼的。

這片子很幽默，因為人們從中看到了自己在日常生活中的影子。當丈夫在家沉默寡言時，許多妻子都會感到某種情感上的被冷落；而很多丈夫又因為妻子不明原因的情緒低落而沮喪。

麗娟與丈夫應該說是幸福的一對。即便這樣，他們也有他們的煩惱。麗娟抱怨說，當她對丈夫談論起自己的想法時，丈夫總是一言不發地聽著；當她想聽聽丈夫的看法時，他就是三個字：「沒什麼。」

向親人和朋友吐露自己的心聲對麗娟和許多女人來說，是生活中必不可少的內容，因為這意味著相互的關心和參與。但對於她的老公和許多男人來說，談話的目的是獲得資訊，感覺只能深埋自己的心底。

生活中還有這樣一類男人：他們在社交場合很活躍，妙語連珠，海闊天空。他們關心的與其說是談話的內容，不如說是談話中的自己。在他們看來，談話是自我表現的一種方式。這種時候，他們的妻子則可能因為高談闊論的丈夫從來不曾如此興致勃勃地對待她們，而感到自尊心受到了傷害。

5.命令與建議：娜娜喜歡說：「我們把車停到那兒吧。」「我們午飯前打掃打掃吧。」這語氣讓她丈夫很是惱怒。因為他把娜娜的「我們這樣吧」、「我們那樣吧」當成了命令。像很多男人一樣討厭受制於人，但是對娜娜來說，她並沒有指使，她只是建議。就和其他許多女人一樣，娜娜竭力避免正面衝突——她把要求化作建議而不是命令。可是，這種委婉的方式對於有些男人反而更糟。一旦他們意識到別人是在用含蓄隱蔽的方式指使他們，他們便因此感到受人操縱而惱怒，他們寧可接受直截了當的要求。

6.對抗與妥協：為了避免衝突，不少女人寧可隱瞞自己的態度，而對對方的決定不公開表示反對。但有些時候，公開自己的不同意見，即便可能由此引發爭執，也不見得就比委曲求全更糟。

淑芬開車上班。她的車是丈夫替她做主挑選的，他總是選他喜愛的那種中看不中用的老式車。這些老掉牙的車脾氣很壞，它們給淑芬帶來了無窮的麻煩，有一次甚至險些讓她送了命。這次淑芬決心不讓丈夫一人做主，他倆一同去了二手車的店裡。丈夫一眼就看上了一輛十五年前出廠的賽車，要在從前，這車就是淑芬的了。可這次她決定不再聽丈夫的，車是

她開，她得挑輛自己中意的。淑芬自作主張買下一輛新車，這車很平常，沒有丈夫為她選的車那樣神氣，那樣經歷不凡，可它經久耐用，又聽使喚。淑芬做好一切準備，她想丈夫肯定會不滿意的。讓她驚訝的是，丈夫自始至終一句不愉快的話也沒講。

生活中的小衝突不會置人於死地，妻子們用不著一味地迴避爭論；而一向果敢獨斷的丈夫們，是否也可以稍稍減緩自己咄咄逼人的直率和談話方式呢？

傷害朋友的十種表現

許多人交友處世常常誤入這樣的情境：好朋友之間無須講究客套。他們認為，好朋友彼此熟悉瞭解，親密信賴，如兄如弟，財物不分，有福共享，講究客套太拘束也太見外了。其實，他們沒有意識到，朋友關係的延續是以相互尊重為前提的，容不得半點強求、干涉和控制。彼此之間，情趣相投、個性對味則合、則交，反之，則離、則絕。朋友之間再熟悉，再親密，也不能隨便過親，不講客套，這樣，默契和平衡將被打破，誤會將會產生，友好關係將不復存在。因此，對好朋友也要客氣有禮，可以不強調自己的「面子」，但不可以不給朋友面子。

和諧深沉的交往，需要充沛的感情為基礎，這種感情不是矯揉造作的，而是真誠的自然流露。當然，我們說好朋友之間講究客套，並不是說在一切情況下都要僵持在不必要的繁瑣的禮儀，而是強調好友之間相互尊重，不能跨越對方的禁區。

每個人都希望擁有自己的一片小天地，朋友之間過於隨便，就容易誤入這片禁區，從而引起隔閡衝突。譬如，不問對方是否空閒、願意與否，任意支配或佔用對方已有安排的寶貴時間，一坐下來就滔滔不絕地高談闊論，全然沒有意識到對方的難處與不便；一意追問對方深藏心底不願啟齒的秘密，一味探聽對方秘而不宣的私事；忘記了「人親財不親」的古訓，忽視朋友是感情一體而不是經濟一體的事實，花錢不記你我，用物不分彼此，凡此等等，都是不尊重朋友，侵犯、干涉他人的壞現象。偶然疏忽，可以理解，可以寬容，可以忍受。長此以往，必生間隙，導致朋友的疏遠或厭倦，友誼的淡化和惡化。因此，好朋友之間也應講究客套，恪守交友之道。

對朋友放肆無禮，最容易產生誤會，傷害朋友，其表現有如下種種，不可不小心約束：

1.**過度表現，言談不慎，使朋友的自尊心受到創傷**。也許你與朋友之間無話不談，十分投機。也許你的才學、相貌、家庭、前途等等令人羨慕，高出朋友一籌，這使你不分場合，尤其與朋友在一起時，會鋒芒大露，過於表現自己，在言談之中會流露出一種優越感。這樣會使朋友感到你在居高臨下地對他說話，在有意地炫耀抬高自己，他的自尊心受到創傷，不由得產生敬而遠之的意念。所以，在與朋友交往時，要控制情緒，保持理智平衡，態度謙遜，虛懷若谷，把自己放在與人平等的地位，注意時時想到對方的存在。

2.**彼此不分，違背契約，使朋友對你產生防範心理**。朋友之間最不注意的是對朋友物品處理不慎，常以為「朋友間何必分彼此」，對朋友之物，不經許可便擅自拿用，不加愛惜，有時遲還或不還，朋友一次兩次礙於情面，不好意思指責，久而久之會認為你過於放肆，產生防範心理。事實上，朋友之間除了友情，還有一種微妙的契約關係。以實物而言，你和朋友之物都可隨時借用，這是超出一般人關係之處，然而你與朋友對彼此之物首先有一個觀念：「這是朋友之物，更應當加倍珍惜。親兄弟，明算帳。」注重禮尚往來的規矩，要把珍重朋友之物看做如珍重友情一樣重要。

在我們的生活中，誤會往往是難以避免的。我們需要好好地想想，這些誤會都是因為什麼而發生的。

3. **過於散漫，不拘小節，使朋友對你產生輕蔑、反感**。朋友之間，談吐行動理應直率、大方、親切、不矯揉造作，方可顯出自然本色。若過於散漫，不重自制，不拘小節，則容易使人感到你粗魯庸俗。也許你和一般人相處會以理性自約，但與朋友相處就忘乎所以。或比手畫腳，或信口雌黃、海闊天空，或在朋友言語時隨意打斷，譏諷嘲弄，或左顧右盼，心不在焉，也許這是你的自然流露，但朋友會覺得你有失體面，沒有風度和修養，自然對你產生一種厭惡輕蔑之感，改變了對你的原來印象。所以，在朋友面前應自然而不失自重，熱烈而不失態，做到有分寸，有節制。

4. **隨便反悔，不守約定，使朋友對你感到不可信賴**。你也許不那麼看重朋友間的某些約定，對於朋友們的活動總是姍姍來遲，對於朋友要求之事當場爽快應承，過後又中途變卦。也許你真有事耽誤了一次約好的聚會或沒完成朋友請託之事，或許你事後輕描淡寫解釋一二，認為朋友間應當相互諒解寬容，區區小事何足掛齒。但卻不知朋友們會因你失約而心急火燎，掃興而去。雖然他們當面不會指責，但必定會認為你在玩弄朋友的友情，是在逢場作戲，是反覆無常、不可信賴之輩。所以，對朋友之約或請託，一定要慎重對待，遵時守約，要一諾千金，切不可言而失信。

5.**乘人不備，強行索求，使朋友認為你太無理、霸道**。當你有事需求於人時，朋友當然是第一人選，可你不事先通知，臨時登門提出請求，或不顧朋友是否願意，強行拉他與你同去參加某項活動，這都會使朋友感到左右為難。他如果已有安排活動不便改變就更加難堪。對你所求，若答應則打亂自己的計畫，若拒絕又在情面上過意不去。或許他表面樂意而為，但心中卻有幾分不快，認為你太霸道，不講道理。所以，你對朋友有求時，必須事先告知，採取商量的口吻講話，儘量在朋友無事或願意的前提下提出所求，同時要記住：己所不欲，勿施於人，人所不欲，勿施強求。

6.**不識時務，反應遲緩，使朋友對你感到厭煩**。當你去朋友家拜訪時，若遇上朋友正在讀書學習，或正在接待客人，或正在和戀人約會，或準備外出等，你也許自恃摯友，不顧時間場合，不看朋友臉色，一坐就是半天，誇誇侃侃而談，喧賓奪主，不管人家早已如坐針氈，極不耐煩了。這樣，朋友一定會認為你太沒有教養，不識時務，不近人情，以後就想方設法躲避你，害怕你再打擾他的私生活。所以，每逢此情此景，你一定要反應迅速，稍稍寒暄幾句就知趣告辭，珍惜朋友的時間和尊重朋友的私生活如同珍重友情一樣可貴。

7.**用語尖刻，亂尋開心，使朋友突然感到你可惡可恨**。有時你在大庭廣眾面前，為炫耀自己能言善辯，或為嘩眾取寵逗人一樂，或為表示自己與朋友之間的「親密」，亂用尖刻詞語，盡情挖苦嘲笑諷刺朋友或旁人，大出洋相以搏人大笑，獲取一時之快意，竟不知會大傷和氣，使朋友感到人格受辱，認為你變得如此可恨可惡，後悔誤交了你這個朋友。也許你還不以為然，會說朋友之間開個玩笑何必當真呢？殊不知你已先損傷了朋友之情。所以，朋友相處，尤其在眾人面前，應和氣相待，互敬互慕互尊，切勿亂開玩笑，用惡語傷人。

8. **過於小氣，斤斤計較，使朋友認為你是吝嗇小家子氣之人**。你可能在擇友交友時，認為朋友的友情勝於一切，何必顧慮經濟得失，金錢不能使友情牢固。這種思想使你與朋友相處時顯得過於拮据，事事不出分文；或患得患失，唯恐吃虧。對朋友所付出的樂於接受，自己卻一毛不拔，這會使朋友感到你視金如命，是個吝嗇之人。所以朋友之交，過於拮据則顯得吝嗇小氣，而慷慨大方則顯得豪爽大度，它會使友情更加牢固。

9. **泛泛之交，卻大肆渲染，使朋友感到你是輕佻之人**。你可能由於虛榮心或榮譽心驅使，也可能交友心切，認為交友愈多，本事愈大，人緣愈好，往往不加選擇考察，泛認知己，患「好交症」。此時，朋友已在微微冷笑，認為你是朝三暮四的輕佻之人，不可真心相

處，結果你可能會失去真正的朋友。所以，朋友之交，理應真誠相待，感情專一，萬萬不要以為泛泛之交會讓自己顯得重要。

10. **一意孤行，不聽人意，使朋友感到你是無為多事之人。**是朋友就是要同舟共濟，對好意的勸告應認真考慮，適時採納。也許你無視這點，每遇一事，一意孤行，堅持己見，無視於朋友的意見，依舊我行我素，結果自己吃虧，朋友受累。這必定使朋友感到失望，認為你太獨斷專橫，不把朋友放在眼裡，是個無為多事之人，日後定會漸漸疏遠你。所以你在遇事決策時，應多聽並尊重朋友意見，理解朋友的好心，即使難以接納的意見，也要說清楚，使人覺得你在尊重他。

態度會造成誤會

在我們的生活中，誤會往往是難以避免的。我們需要好好地想想，這些誤會都是因為什麼而發生的。

我們身邊有些人的脾氣實在是太差了，點火就著，我們大可不必與他們發生衝突。當然了，也用不著過於委屈自己，與這種人相處，必須要講究一定的方式方法，並且還應該遵循一定的原則。

與這些人相處時，首先，不能以粗暴的態度對待。如果以粗暴態度對待急性子的人，他們一不服，這樣就會引起糾紛，甚至會弄出人命來。

我們都知道，個性比較急的人在看待問題和處理問題時，一般都不是以客觀事實為基礎的，他們大多都不講道理，甚至缺乏理智。瞭解他們的這些特點以後，我們在實際生活和工作中，遇到這種不講理的人時，要保持足夠的冷靜和理智，絕不要以粗暴的態度對待他們，更不能像他們一樣不講道理。如果我們不能好好地控制自己的情緒，那麼只會出現令雙方都不愉快的局面。

這種誤會在同事之間經常發生，下面我們來看一個實例：

某報社的志強、建中二位同事都是一個辦公室的編輯，有一次建中因為一些事情被報社的主管嚴厲地批評了一頓。回到辦公室志強看他臉色不對，就關心地問他：「出什麼事情了，是不是哪裡不舒服呀？」

志強本來是好意，可沒想到聽了他的詢問以後，建中竟然蠻橫地說：「你就希望我出事是不是？我被主管批已經夠倒楣的了，你居然還想讓我身體出毛病，你這個人真是夠狠的！」

聽到建中的話以後，志強忍不住發火了：「你這個人真是不講道理，我好心好意問你，你居然不識好歹，活該你被批！」

就這樣，一來二去地兩人吵了起來，直到現在他們還沒和好，而且辦公室裡的其他同事也和他們很少來往，因為大家覺得這兩個人都不太講理、很難相處。

由此可見，與脾氣比較大的同事相處時，一定要保持冷靜，任何情況下都不要像對方一樣喪失理智，絕不能與他們硬碰硬。如果以粗暴的態度來相待，那只會加重事態的惡化，對事情的解決起不了任何作用。

既然不能以粗暴的態度對待這些人，那麼在遇到這樣的人時，我們就該任其誤解自己，讓自己委曲求全嗎？答案當然是否定的，我們主張以說理的方式應對這樣的誤會事件。

習慣差異會造成誤會

彼此間心理差異太大是產生誤會的又一主要原因，不同民族、社會的人心理特徵都是各不相同的。有人說，如人飲水冷暖自知，那是因為每個人對任何事情看法心理感受都不一樣，所以想法與看法也就千差萬別。當我們與他人相處時，如果我們真正瞭解了對方心理特徵，很多事情就會迎刃而解；如果我們走進對方心中的禁區，就會造成很多差錯，當然也包括溝通上的差錯。

現代社會中，人與人的交往是愈加密切了。也許你的朋友之中就有來自不同國家、民族的人，在外商公司中這種現象最為普遍。如果你身邊的人和你並不是同一個國家或民族的人，與他們相處時你一定要小心注意，尤其要注意尊重對方的民族習慣與想法，不要以自己的想法去衡量、揣摩對方。瞭解對方的民族習俗想法，對你非常重要，如果你不瞭解對方的民族習俗想法或特別的思考邏輯，那麼你很可能會無法與你的同事友好地溝通、相處。

不同國家、民族的風俗民情都是各不相同的，各民族之間的想法差異十分明顯，如果不瞭解這些差異，不同民族的人將很難相處，有時甚至還會鬧出笑話。

交際行為是人類行為的一種重要表現形式，不同的民族及民族心理就會表現出不同的交際方式。如果在餐廳點一杯啤酒，卻赫然發現啤酒裡有一隻蒼蠅，英國人會以紳士的風度對侍者說：「換一杯啤酒來！」；法國人會將杯中物傾倒一空；西班牙人不去喝它，只留下鈔票，不聲不響地離開餐廳；日本人會去叫侍者把餐廳經理叫來訓斥一番：「你們就是這樣做生意嗎？」美國人則比較幽默，會向侍者說：「以後請將啤酒和蒼蠅分別放，由喜歡蒼蠅的客人自行將蒼蠅放進啤酒裡，你覺得怎麼樣？」這非常具體地概括出不同的民族處在同一環境下，接受相同的刺激時的不同反應。雖然他們的價值取向是相同的，但表現方式卻各具特色，追究其根源是各國民族的心理不同造成的。

中國人強調人的社會性，強調社會對個人的約束，歷來以謙虛為美德，就是主張個人與社會的協調性。美國是個重視個人獨立性的國家，因此，美國人通常更願意直截了當和坦率地表示個人的意見，喜歡直來直往，容易對東方人一些對他們而言往往是不切合實際的「自謙」難以理解，他們只是按照自己的思維方式來理解字面的涵義，自然會引起誤會、衝突。

如果有人走進美國一家公司的經理辦公室說：「我能力有限，請你雇用我。」那一定會被拒之門外。「能力有限，我雇用你幹什麼？」經理往往還很不高興，認為你的話侮辱了公司，好像他們公司只配雇用能力有限的人。如果你振振有詞地申述你的工作能力，他們反而會很樂意雇用你。所以那位老闆的做法就不足為奇了。不僅僅是外交官需要瞭解其他國家人民的風俗民情，生活中的每一個人都應該對此有所瞭解。這是因為當今社會各個國家、民族

在我們的生活中，誤會往往是難以避免的。我們需要好好地想想，這些誤會都是因為什麼而發生的。

的交往越來越頻繁，各國人民之間的聯繫越來越密切了。如果不瞭解各個國家與民族間的差異性，那麼你與他人交往時就會遇到重重阻礙。

如果我們身邊有各種不同國家、民族的同事，我們說話辦事時一定要考慮對方的民族心理，只有這樣我們才能處理好與這類同事的關係。

感知差異會產生誤會

感知是人類認識事物、世界的基礎，它是人類獲得來自外界環境和自身內部各種資訊的主要管道。心理感知對於人與人之間的交往會有較大影響，心理感知的不同常常會阻礙人與人的交流。

感覺是人腦對直接作用於感覺器官的外界事物個別屬性的反應；知覺是人腦對直接作用於感覺器官的客觀事物整體性的反應。知覺是在感覺的基礎上，根據以往的經驗、動機、態

在我們的生活中，誤會往往是難以避免的。我們需要好好地想想，這些誤會都是因為什麼而發生的。

度，對感覺提供的個別資訊進行綜合加工之後形成的。一個人的知覺是在已有經驗基礎上進行的，對同一事物，以同一種形式的連續感受性，在心理上就形成了一種比較穩定的判斷和認知。

因此，我們在與同事相處時，瞭解對方的心理感知十分重要，在日常工作和生活中一定要注意這一點；否則的話，很可能造成誤會，影響你與他人之間的關係，給他人留下不好的印象。吉米・卡特——美國歷史上的這位總統就有過這方面的教訓：

一九七六年的美國，經過激烈的競選，吉米・卡特終於戰勝了福特，入主白宮就任總統。上任後不久，卡特在白宮發表電視講話。可能是他想給美國人民一個全新的印象吧，他一改以往總統的穿著習慣，想在穿著打扮上表現出一副無拘無束的樣子。在電視直播的螢幕前，當著全國電視觀眾的面，他竟不穿禮服，而是穿打著領帶的羊毛衫，下身著一條藍色工裝褲。這位美國總統本意是想把最高層次權力者的形象變得更具親和力，進而使人們覺得總統在人們的心目中和我們是一樣，是一位衣著隨便的平民。可是後來，卡特卻遭到人們的非議。因為在美國公眾中，許多人並不喜歡總統這樣隨便，他們並不希望總統這樣普普通通。美國人民認為：藍工裝褲和色彩斑駁的羊毛衫表示著治理國事的人是牧童嬉皮客，而讓嬉皮客來治理國家是令人不放心的。後來，卡特總統再也不敢這樣穿著打扮出現在公眾面前了。

在上例中，吉米‧卡特沒有準確把握好大眾心理以致弄巧成拙。事實上，卡特是認真地考慮過公眾感受的，但這種心理上的差異導致了最後的失敗，而這種心理認知的差異也是造成日常人際關係交往障礙的原因之一。

因此，我們在與他人相處時一定要注意彼此間心理感知的差異，不要把自己的心理感知強加在對方身上。只有瞭解到這種心理感知的差異，並且準確地把握對方的心理、心態你才能避免不必要的交際誤會。

中庸一點少誤會

人與人之間無法融洽相處，造成水火不容的原因，往往是彼此缺乏溝通，產生誤解，心中的怨恨與日俱增所致。一個得到下屬愛戴的上司，除了具有知人善任的本事外，更重要的是以誠待人，鼓勵下屬隨時隨地提出具有建設性的意見，盡力幫助他們解決工作上的疑難雜症，務求把難免的誤解與紛爭，減至最低限度。

每個人其實都有自我，差別只在於自我中心之強弱多寡。我們常常看見有些人把自己的人際關係弄得非常惡劣，上司對下屬百般虐待，不是強迫他們完成種種他們沒有興趣的工作，就是把自己看不順眼的人作為發洩對象，對他們諸多挑剔及侮辱。而下屬對上司也是惡言相向，對上司指派的工作是陽奉陰違，或是辦事不力，故意把工作做壞，這些都是雙方之間缺乏溝通的結果。大家都把大部分心力花費在對付自己不喜歡的人身上，公報私仇，對於公司的前途毫不關心，實在有違辦公室的敬業樂業精神。

有時只為了一口氣，人們不自覺地犯了小題大做的毛病，不懂得凡事看開一點，忍耐一點的道理，非要在口舌方面贏對方，結果兩敗俱傷，徒惹他人竊笑。

聰明的上司採取中庸之道，無論下屬做錯什麼事情，他也不會當眾把對方大罵一頓，只以較為含蓄的方式，使他明白自己的過錯，給他一個將功贖罪的機會，其他同事也會對這樣一位上司暗中喝采。當下屬做了什麼對公司有利的事情時，也不要忘記大大誇讚下屬一番，令人人高興。

遠離緋聞的九種方法

辦公室裡異性之間的微妙關係，一直是人們茶餘飯後所津津樂道的話題。只要和異性稍微親近，就有可能被渲染成熱戀中的主角，當一旦捲入了緋聞的旋渦中，那麼跳到黃河也別想洗清。男女之間的關係本身就比較微妙，只要一有風吹草動，當事人本身尚未理清彼此感覺，旁觀者的敏銳嗅覺就早已發揮威力，傳聞漫天。所以，對於從辦公室裡傳出的緋聞，你不得不更加小心、更要用心思地去防範。

從傳聞的目的來說，緋聞一般分為戲弄性與添油加醋、惡意譭謗式的，對於後一種，你就要小心提防，它往往使當事人哭笑不得，絲毫沒有可以為自己辯白的餘地。為了避免使自己成為鬧劇的主角，平日在言談舉止方面就應當特別注意。已受流言所困者，最好抱著「清者自清」的態度，多作解釋反而會越陷越深，實在不是明智的對付緋聞之道。

你也許擁有一個龐大而且裝飾講究的辦公室，這裡是你工作時間最長的地方，這裡也是你需要時刻注意的地方，你身邊的異性下屬與你在一起的時間最長，如果經常兩人相處，那就更應該注意。你們的關係是上司與下屬，不是不可以談生活中的問題，但要注意分寸，緋聞往往是從談論生活中的問題開始，而且，要時刻提防溫柔之水時刻會向你湧來。

早晨你走進辦公室，如果你的異性下屬過來向你問好，並幫助你整理辦公桌，這是正常

現象。但是如果不單是這些，你就要拒絕了。如幫你脫外衣，噓寒問暖，還不時看你一眼，不乏脈脈之情，你千萬要把持住自己，別接受過分的殷勤，該自己辦的事情自己完成，你可以說：「你忙去吧，這些我可以自己來，不必麻煩你。」也可以說一句笑話：「你做了這麼多，不是想要以此向我多要點薪資吧。」或者說：「我可沒有雇你當我的保姆，不該過問的事情，就不要費神，耽誤了其他工作，不然我可要扣你的薪水。」

如此一兩句話，加上面帶笑容，對方並不會感到十分難堪，但也會明白你的心意。但如果對方對你明顯表現出異心，甚至對你過分親昵，你就該找理由把她調離你的辦公室，或者乾脆向她說明：「本人不吃這一套。」

記住這條忠告，最好你的辦公室內不要安排異性，你辦公室的門也不要經常關著，說話應該儘量大聲，以免別人懷疑。

作為一個出色的上司，有時緋聞在你工作或生活的其他地方傳出來，你一定會覺得十分難堪。而且，你所面對的確確實實是一個對你已有芳心的異性，儘管你與她根本就沒有發生什麼事，但她的相思或糾纏極可能把你置於緋聞與誤會的旋渦之中。與其今後深陷誤會之中，十分難堪，不如現在就試著運用下面給你選摘的九種具體方法脫身出來：

1. **無聲拒絕法**：有些女人結了婚，但仍然希望表現自己對異性仍具有吸引力，千方百計與一些俊秀的男人接觸。遇上了這樣的下屬，不能表示歡迎而應表示拒絕，最簡單的辦法是，把雙手交叉地放在胸前，明確表示這裡不歡迎你。這種「無聲勝有聲」的拒絕方法對特別敏感的女性來說是非常有效的，它既能造成對方情感心理上的巨大障礙，又不會傷害對方的自尊心和破壞上下級的關係。

2. **自尊保護法**：往往有這種情況，當一個有才能又英俊的上司被他的下屬所愛慕時，而他自己還被蒙在鼓裡。而正是這種不經意的和女方接觸的過程中，結果引發了緋聞。男方上司輕易同女下屬約會，最容易引起誤會。女方以為你如她一樣產生了情感，你就必然招來麻煩而不好擺脫，所以，為防患於未然，從第一次開始你就應該謹慎對待與女下屬的單獨約會。

3. **藉口拒絕法**：一個沒有對象的年輕女子不會輕易糾纏於你，可一旦把你視為目標，你的麻煩就會隨時發生。這時候，你可以說自己已經有了女朋友、未婚妻或老婆，這是一種很好的藉口，許多年輕女子對已經心有所屬的男人往往會懸崖勒馬的。

4. **巧妙迴避法**：當你覺得正面拒絕會使對方尷尬，甚至難堪時，可以採用使對方「主動撤

退」的巧妙方法進行迴避。如果對方約你去某一個風景勝地，你可以回答說，很多其他同事想去那兒，不如大家一起去，比兩個人一起去更有意思。這種巧妙的回避方法，既拒絕了對方的約會，又不會使對方難堪，可謂一箭雙雕。

5.將計就計法：有些女下屬常會藉著向你彙報工作的機會暗送秋波。遇到這種情況，你可以將計就計，只同她談公事，對其他問題避而不談。公事談完了，就藉口要辦別的事情，要找別的同事，要到別的地方去，甚至要上廁所等，這樣就封住了對方的口，使對方完全明白，談完了公事，就什麼都不要談。

6.攻心法：有些「紅杏出牆」的已婚下屬，也可能對你暗送秋波。對於這種幻想型、浪漫型的女人，不妨採取心理攻勢，反覆而熱情地向她提問：你有孩子沒有？孩子多大了？在哪裡上學？幾年級了？你先生在什麼公司工作？……等等，使她驀地悔悟，自動放棄風流的想法，老老實實地回到現實的幸福生活當中去。

7.間接拒絕法：有些女人或許趁你和妻子或女友鬧矛盾的時候向你獻殷勤。在這種情況下，你可以與你的女同學（當然是那種坦坦蕩蕩關係的女同學）暗約，讓她親自或打電話來找你，使你既可以藉故離開，又可以使對方完完全全地明白，這是有準備的拒絕，不必枉費心機。

在我們的生活中，誤會往往是難以避免的。我們需要好好地想想，這些誤會都是因為什麼而發生的。

8.**利用限制法**：對於一些女人，你可以結交她的丈夫或兒女，使她不敢過分地接近你，也不敢有過分的行為。否則，你可以向她的丈夫兒女「告狀」，使她自己無地自容，她就不得不收斂了。

9.**泰山壓頂法**：當有些女下屬在你做過多次委婉的拒絕後，仍然對你糾纏不休，這時候，你可以毫不手軟地使出你最後的招術，就是利用你的職權逼她就範、到此為止。你可以對她毫不客氣地說：「作為下屬，你應該自重！否則把你調離這個部門！」如果她還不知趣，你就真的只好雷厲風行了，把她調走，因為不這樣，明天走的或許就是你了。

與異性上司交往的五大禁忌

我們應該明白，與上司相處是非比尋常的，有時候一個小小的疏忽就可能完全斷送你好不容易打拼而來的前程，使你前功盡棄，因此女下屬在與上司交往時更要謹記以下禁忌：

1.**萬萬別做上司的情人**：無數的經驗教訓都在證明這樣一個真理：上司的情人做不得。當然

在我們的生活中，誤會往往是難以避免的。我們需要好好地想想，這些誤會都是因為什麼而發生的。

也並不是說我們都是老夫子，要求人們都要清心寡欲，而且也不是斷然否定上下級之間戀情存在的合理性——如果雙方真有此意而且合法的話，雙方之間產生感情也是無可厚非的。

但是，更多的時候與上司建立情人關係是對雙方都沒有好處的。如果這種超出工作以外的情人關係是發生在至少一方已有合法配偶的情況下，就更是玩火了。

在一般的情況下，你與老闆建立了情人關係，最終等待你的極有可能是你在這家公司職業生涯的終結。

例如，下面故事中這位女下屬的經歷就是典型的例證：有一位台商在大陸內地投資開了一家公司。在長期的工作中，他與他的女秘書——一位大陸的年輕女子之間產生了感情，兩個人墜入愛河，深深陶醉。

女秘書不顧老闆在台灣已有家室的情況，一意孤行。終於有一天，臺灣老闆對她漸漸失去興趣，同時為了顧及形象問題，他開始考慮終止這種關係。他深知要想直接開口是很難辦到的，於是採取了迂迴戰術。

他先找個機會回到臺灣，然後來電說辭去總經理一職由另一人擔任。結果，這位新任老闆在就職的第二天，便把她給辭了。

一個月後，台商從臺灣再到大陸，重新當起老闆。那位女秘書卻只好自吞苦果，不僅被老闆騙了一遭，而且還失去了工作。

這就是做上司情人的後果。所以在任何時候，做女下屬的都要切記：千萬不要做上司的情人，就算是你們雙方之間感情再好。因為男女之間的情愛關係，永遠也不能取代最好的工作關係，如果讓你們雙方之間的工作關係變質的話，那麼到最後吃虧的只能是你自己。

2.別在上司不在時得意忘形：人最容易得意忘形了，不過如果上司不在時，太不知天高地厚地亂說一氣，那可要當心了。上司因公出差或有事離開辦公室時，氣氛會自然鬆懈一點，如果稍微放鬆一下，那無可厚非。但如果以為天高皇帝遠而不知收斂的話，那可就太不聰明了。尤其是高談闊論之餘背後謾罵主管等，平時無法宣洩的情緒，此時必會一湧而出，當心得意忘形而留下把柄，後患無窮。「陽奉陰違」是上班族最常犯的毛病。有人習慣被鞭策才曉得認真工作，否則就怠惰下來。

雖說同事間偶爾談天說地可緩和一下工作的緊張和壓力，然而「隔牆有耳」，談論隱私時，當心因漏出口風而得罪他人。若談論對象為直屬上司又不幸為其得悉的話，挨罵事小，

在我們的生活中，誤會往往是難以避免的。我們需要好好地想想，這些誤會都是因為什麼而發生的。

若是因此鬧出誤會，砸了飯碗就不太妙了。容易洩密的危險地帶除了辦公室外，還有員工餐廳、休息室、公車……等等，都應謹言慎行。

3.不要在公共場合與上司之間互動過於隨便：在陪同上司一起出入公共場合比如車站、碼頭、餐廳、體育場等時，一定要注意不可過於隨便。雖然在眾目睽睽之下，別有企圖的上司不敢把你怎樣，但是如果你太過輕浮、隨便，可能會讓那些比較「正統」的上司看不起你。因此女下屬在公共場合時要注意下述幾點內容：

①衣著儘量端莊大方，高雅不俗，不穿太露、太透等容易渲染性感的服裝。如果喜歡穿色彩豔麗的服裝，也要注意做到「豔而不妖」、「麗而不狂」。

②如果要化妝，最好是薄施脂粉，以淡雅為上，不要過分濃妝豔抹。項鏈、手鐲、戒指也不宜佩戴過多，弄得累贅而又俗氣，且容易招人注目。

③言談舉止要落落大方、溫和有禮，既不露情、又不顯傲，切不可故作姿態，有意引起異性的注意。

④如遇陌生人主動搭訕，不必拒人於千里之外，但也不可過分熱情，儘量做到有禮。在任何情況下，都要做到不說容易引人想入非非的話語或者雙關語。

⑤如遇壞人糾纏，必須態度堅決、明確地一口回絕，切切不可有絲毫的曖昧、猶豫，以免造成誤會。

⑥遭遇公開暴力，如調戲、猥褻或者公開搶劫持，要大聲呼救，尋求他人的救助，或者迅速擺脫，盡可能往人多的地方走。

4.別遞出辭職信後仍捨不得離開：也許有的女下屬會感到和上司實在難以相處，就可能會有辭職的打算。辭職沒有什麼，人人都有選擇公司的自由和權利，但是你切忌在辭職以後仍繼續待在原公司，因為首先是同事可能會對你有怨恨和嫉妒的心理，甚至具有明顯的敵意。他們或者會嘲笑你過往的表現、挖苦你的新雇主、故意非難你，使你在剩下的時間未能做好你的工作，甚至設法逼你提早走。

以琳的遭遇正是這樣。由於公司視她的新雇主為競爭對手，所以在她辭職後數天便要求她離開。她說：「他們當我是叛徒似的。雖然我從來沒有接觸過公司的任何機密，但他們認為我會出賣公司。」

有些上司甚至可能會這樣回應下屬的辭職：讓你在保全陪同下，給你半小時收拾東西，然後護送你出大門。

在我們的生活中，誤會往往是難以避免的。我們需要好好地想想，這些誤會都是因為什麼而發生的。

這些做法可能會讓你很生氣，甚至會覺得自己受了侮辱，所以在你決定辭職以後，記著不要只是走進你上司的辦公室，然後把辭職信放在他的桌子上這麼簡單。你應該約見上司，時間最好在週五下午，好讓你們兩人都有週末去調整自己。討論時，你應確認由目前這份工作中獲得不少經驗，又從這位老闆身上學到很多東西，然後再說你離職的決定，離職是你事業上必須要走的下一步。如果你想不出下面該說什麼，那麼至少要圓滑一些。你可以用這句話結束談話：「我希望我的決定沒有引起太多不便，但我感到這是要向前走的時候。」你不要讓他認為你是為了他才辭職的。

離職就像跟你的戀人分手時講的話差不多。你要傳遞的訊息是：「我如此做是為了自己」而非「我這樣做是因為你」。不要提及你要走的細節，也不要讓主管使你感到內疚。記住，你離去完全是為了自己的最佳利益——這是最好的做法。

與此同時，給老闆一封簡短而有禮貌的辭職信，內容要有兩項重要資料：你建議的最後一天上班日期，以及「我最後的決定是辭職」這句話。你的上司也許會開出新條件，試圖說服你留下來。一定要說不！獵人頭公司的事業策略專家說：「公司由此已感到你不忠心，他們很可能繼續留用你，只是為了拖延時間，以找到新的接任人。所以你在決定辭職後要盡快離開公司，避免讓人說閒話。這對人對己都是有好處的。」

5.不和上司一起去娛樂或聲色場所：在一些娛樂場所比如舞廳、歌廳、pub等地方，比較能放鬆心情，舒緩一天疲憊的、勞累的身體，因此有些年輕女職員愛在下班以後到一些娛樂場所打發時間，去這些地方本沒什麼，但是要切忌和上司一同去，因為這些地方燈紅酒綠、充滿曖昧的地方，女下屬就可能極易在紛亂中迷失自己，也有可能被甜言蜜語沖昏腦袋、放鬆警惕，從而導致不該發生的事情發生。女下屬在去娛樂場所時應該注意：

①事先對要去的娛樂場所的格調、情趣、聲譽有所瞭解，要選擇正派、高格調、涉足者文化素質較高的娛樂場所。

②最好不要單獨一人前往，就算是和上司一同去，最好也要帶上同伴，有女友的可以一同參加。

③不要隨便接受上司跳舞以外的任何邀請，如吃飯、看電影、到對方家裡做客……等等。

④不要迷信「一見鍾情」的羅曼蒂克，在舞廳難免交友，但一定要慎重，聽其言還要觀其行，不以貌取人，更不能以財產的多少判定人品的高下。

在我們的生活中，誤會往往是難以避免的。我們需要好好地想想，這些誤會都是因為什麼而發生的。

停止合作產生了誤會

永慶經營一家出版社，朋友介紹一家印刷廠給他，永慶因為初入此行，對印刷廠沒有熟悉的，因此就和那位姓陳的印刷廠老闆合作。

為了減少聯繫上的麻煩，永慶把印刷、訂紙、分色、製版、裝訂所有工作都交給陳老闆包辦。

而事實上，陳老闆的印刷廠只有印刷一項業務，其餘部分都要轉包出去。當然，他也不會做無用功，轉手之間，他還是賺了兩成左右的差價。幾年過後，永慶才發現他因為怕麻煩而多花了很多錢，同時也因為出版社的經營已上軌道，人員也增加了，於是把給陳老闆的業務，除了印刷之外，全部收回自行發落。

誰知陳老闆勃然大怒，說永慶沒有「道義」。永慶向朋友抱怨：「要給誰做是我的權利，難道我這樣做錯了嗎？」後來他就不再和陳老闆合作了。

永慶當然沒有錯，不過，如果他對人性有進一步的瞭解，就不會因為誤會的不快而向朋友抱怨了。

類似的故事並不罕見，只是「劇情」稍有不同而已。碰到這樣的事雖然很無可奈何，但從人性的角度來看，仍有值得討論之處：

陳老闆賺取轉手的差價雖然合情合理，但永慶停止和他某部分的合作卻與「道義」無關，買賣本來就是「合則來，不合則去」！問題是，陳老闆把轉手的差價當成「理所當然」的利益，永慶不再和他合作，他因此而產生利益被剝奪感，本來可賺一萬，現在只剩下五千，心裡無法適應這種失落，於是就心有不甘了。然而，陳老闆是沒有權利反對的，他反而應該感謝永慶才對。不過人總是這樣，你給了他好處，久了他便認為你給他好處是應該的，一旦不再給，便認為你失去「誠信」，沒有「道義」了。曾發生過這樣的事件：前任主管違反規定，挪用一筆公款作為手下的變相「津貼」，新任主管上任後，發現此事不妥，便予以停發，不料手下反應激烈，並且有人亂投黑函，讓他困擾許久。可見「好處」不論該不該得，不動心的很少，「得而復失」，又不動氣的更少，這也就是商界「停止合作」，也跟著「停止友情」的原因。面對這樣的人性反應，若事先有所瞭解，就不會感慨人心不古了。

永慶終止和陳老闆的合作基本上是正確的決定，因為二人有了不愉快，站在永慶的立場，大可不必太勉強自己。倒是陳老闆應自我反省——賺取外包部分的差價是「多出來」

的，印刷方面的利潤才是他「理所應得」，面對永慶的新決定，他應感謝永慶，並表示願意繼續提供更好的服務才是。結果他不做此想，反而以詆毀來回應永慶的動作，導致連印刷部份的生意也飛了。因此我們可以瞭解一件事，面對握有權力的一方時，「理未應得」的利益是不宜以激烈手段爭取的，因為師出無名，理不直氣不壯，也得不到其他人的支持。若堅持激烈手段，必敗無疑，而且不但爭不回多出來的好處，就連原有的好處也會失去，因為對方有權力嘛！事實上，陳老闆要保住印刷部分的生意也是很難的，因為他的「轉手利潤」讓永慶有受騙感，唯有停止一切合作才能彌補他自尊受到的創傷。對陳老闆來說，也只能儘量以低姿態來撫慰永慶的自尊，或許這樣還有一點效用吧！

永慶和陳老闆「翻臉」是一種遺憾，但做生意事關企業生命，該「翻臉」還是要「翻臉」，你不「翻臉」別人還笑你傻瓜！倒是平常與人相處，對於「好處」的給予要多些講究，否則反而會對人際關係造成傷害，這一點和做生意「翻臉」的「利害」是不大相同的。

差異產生摩擦

人們想要在與人交往中，避免誤會的發生，需要在相處的過程中保持恰當的分寸感。我們在與別人的相處過程中，總會對人與人之間進行相互的比較，哪怕是很細微的差別，也會看得很清楚。有了這種辨別微細差異的能力，就分得出此人和彼人的不同。

從而再進一步就分得出某一個人，此刻與彼刻的不同。再進一步，就分得出，在同一時刻，此人的表面與他內在的不同。

有了這樣的精細的辨別能力，在自己的言行之中，也就有了分寸感，能夠隨時調整自己的聲調和表情，去適應別人，再進一步去影響別人。

這一方面，就有點像修理機器。機器的零件壞了，必須用同樣尺寸的零件，才能夠修得好。尺寸不對，不能夠正常的工作，因為它的每一部分，都是非常精密地配合在一起的。對於那些精密的機件，有時差錯不能超過一公分的百分之一。

人與人相處得好，也要看雙方配合得好。如果兩人的感覺和默契，剛剛好非常配合，那麼，兩個人就非常投機。雙方在一起就非常愉快。否則，就會產生摩擦，就像機器的零件，尺寸有點小小的差別。如果相差極微，還不至於出問題，只是覺得沒有那麼順利、那麼愉快

在我們的生活中，誤會往往是難以避免的。我們需要好好地想想，這些誤會都是因為什麼而發生的。

就是了。差異大一點，摩擦就大一點。如果不及時調整，就會出問題，由小小不愉快，發展成大大的不愉快。

這就像一部機器，出了小毛病，不修理，必然會弄成大毛病，終於不能開動了，甚至於會發生爆炸。

人與人之間的關係也一樣。有些關係，因為尺寸不對，熄火就是熄火，大家都無所謂。你不理我，我不理你，也就算了。但是，有些關係，太密切了，太長久了，太重要了，倘若真的熄火不動，那就關係很大。

在社會上，經常有這樣嚴重的問題。有些相愛多年，共度患難的老夫老妻，最終竟也到了非分手不可的地步。有時，相識多年合作很好的朋友，也會決裂，也會拆夥。其中有一個重要的因素，就是彼此之間的關係，在分寸的拿捏上出了問題。

為了避免造成你的重大損失，所以一定要注意你自己在言行上的分寸，不要輕易地和身邊親近的人發生不必要的誤會。

交心—別讓誤會成為拓展人脈的絆腳石

第二章・搬開誤會的絆腳石

誤會儘管會給你的生活帶來很多麻煩和不便，但是並不可怕，最關鍵的是你要運用各種方法，讓所有的人都能夠對事實有所瞭解，讓誤會煙消雲散。

誤會儘管會帶來很多麻煩和不便，但是並不可怕，你要運用各種方法，讓誤會煙消雲散。

成見是毒藥

如果你的學歷比上司更高，如：你取得碩士學位，上司只是一個大學生。你可能感覺上司事無大小，時常總是與你持相反的意見，對你肆意批評。或者，當你偶然犯了一點小錯誤，他會不客氣地咆哮：「一個研究生應該不會犯這種錯誤，難道你在學校裡什麼東西也沒有學會嗎？」面對這種情形，你應該怎樣與上司建立良好的關係？

英國著名的職業顧問賽恩博士說：「首先你要消除成見，不要以為上司是在故意針對你，要知道上司對你根本談不上什麼深入的認識，他又怎麼會無端不喜歡你。他可能對所有下屬都是如此，你應該學習與上司相處，慢慢讓他發掘你的好處。」以下是一些建議：

1.耐心尋找上司的好惡，以他喜歡的方式完成工作，不要逞強，更不要急於表現自己。

2.隨時隨地抓緊機會表示自己對他忠心耿耿，永遠站在上司這一邊。

3.以你的態度說明一個事實：我是你的好朋友，我會盡己所能幫助你。不要以為上司很愚笨，如果你真的努力這樣做，他看在眼裡，一定會很明白你的意思，對你漸漸產生好感。

4. 聽到公司有什麼謠言或傳聞，不妨悄悄地轉告上司，以示你的忠心。

5. 你的措詞與表示方式須特別注意，說話簡明，直接最為理想。你可以這樣告訴上司：「我不知你有沒有聽過這消息，不過，我想你會感興趣知道……」

6. 上司願意選擇你做為他的下屬，他對你的印象自然不差，你必須摒除對上司的偏見，事事替他著想。

與上司交流的反應

許多職員和上司交談時，往往只是緊張地關注著他對自己的態度好壞，構想自己應做出的反應，而沒有認真地聽清楚上司說些什麼問題。其實，好的職員不僅理解上司所談的問題，並且能夠理解他的話裡蘊含著什麼樣的暗示。這樣，才能真正理解上司的意圖，明智地作出反應。

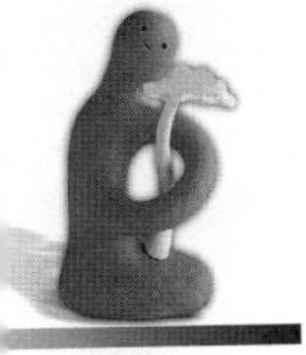

而要如何做到這一點呢？首先，當上司講話的時候，你要設法排除一切使你緊張的意念，專心一致地聆聽上司講話的內容；眼睛要一直注視著上司，這樣給他感覺你在聽，必要時還要作一點記錄。在上司講完之後，你可以稍思片刻。也可以問一兩個問題，真正弄懂他在說什麼要說什麼。然後，簡要地概括一下上司的談話內容，表示你已明白了上司的意思了。切記，上司不喜歡那種思維遲緩、交代事情需要一再重複的人。

要想在事業上攀上高峰，發展自我，首先必須對自己正在進行的工作一清二楚，放棄只求儘快完成手邊工作的盲目念頭，設法瞭解手邊工作的意義是什麼，目的何在，掌握通盤的整體狀況後，才能進一步精益求精，成為這一行裡的佼佼者。

若有任何疑惑之處，應開門見山地向上司或前輩請教。在上司看來，這麼一位肯學的職員比那些不懂裝懂、事後卻惹出一堆紕漏的人，更能有助於減輕他的負擔。

痛擊誤會製造者

人就是這樣：誰在背後不說人，誰在背後又不被人說？己所不欲，而施於人，這大概是人的劣根性之一吧！背後議論，人之常情。然而，由於個人認識的侷限性，人與人之間的好惡與向背的情緒又難免滲進議論；因此，議論往往也就不由自主地偏離事實真相，誤會的發生也就在所難免了。如果議論者有意識的，藉著議論造謠、中傷、挑撥離間，那是心術不正或是心理變態。

遇到誤會製造者，應以正直坦蕩為準繩。「坦蕩」，指胸懷而言。人生在世，全然不被人議論，是不可能的。背後議論，就其內容而言，有符合事實的，也有不符合事實的；就其動機而言，有善意的，也有惡意的。但不管怎樣，都應坦然處之，不要因聽到好的議論而忘乎所以，覺得自己一下子高大起來，也不要因聽到難聽的議論而怒髮衝冠，耿耿於懷，或痛心疾首，惶惶不可終日。否則，心理就難免失去平衡，做出傻事，正中誤會製造者的奸計。

俗話說：「君子坦蕩蕩，小人長戚戚。」一個強者，是為自己的奮鬥目標而活著；只有弱者，才為被身邊的議論所左右。背後議論別人，特別是捕風捉影的誹謗，是一種不道德的行為，你必須正直地站出來，幫助議論者改正不良習慣。

幫助誤會製造者改正惡習，可循「先禮後兵」的方法。從團結的願望出發，尊重對方，以朋友的態度，進行善意的規勸；同時，巧妙地引導對方獲得正確的認識人的方法。比如，

誤會儘管會帶來很多麻煩和不便，但是並不可怕，你要運用各種方法，讓誤會煙消雲散。

當對方談論他人時，可以先順著對方的話音，談談被議論者確實存在的缺點，然後再談他的大量長處，從而形成一個對人的全面認識。如果對方搬弄是非的惡習已經構成其人格特點，或視團結的希望為軟弱可欺，變本加厲，那就搜集事實進行批駁，揭穿其不正心術。要是仍有一定的覺悟，在你「猛擊一掌」之後醒悟，那他就會痛改前非，更加敬重你。要是對方執迷不悟，與你翻臉，這樣的人失去並不可惜，在某種角度上說，起碼從今以後可以耳根清淨。

談話的潤滑劑

就算學會了聽話的技能，也不過只是成為一個好聽眾必須具備的一半資格而已，接著就是要瞭解對方講話的動機。當然，他要講的話不是閒扯與寒暄，而是有意義和目的的。為了使對方積極說話，你必須做到兩點：

首先使說話的人深深信賴你的誠意，其次讓他瞭解你關心他所說的內容。

這種信賴的泉源，來自對方具有下面這些想法：確信聽話的人不會吹毛求疵，或攻擊傷害；確認不管自己說什麼，也不會被歪曲或誤傳。有了這種信賴基礎，他才肯敞開心胸、傾訴衷腸。

為了使說話者有積極的動機，聽者還應該略施幾個方法。也就是說，即使談話的雙方已有了深厚的信賴基礎，但為了使氣氛熱烈，你還要促成下面幾個因素。

1.主動的聽法——和諧的語言及身體語言

一個主動的聽眾，能以簡單明確的反應，表達自己正專心聽講；並站在說話者的立場，隨時不忘附和幾句。例如：

傾聽者——這種問題，我也沒碰到過。

說話者——今天毫無收穫。

傾聽者——你好像對今天的會議感到不滿意？

說話者——為什麼沒有一個正確報告？

傾聽者——這種錯誤真令人生氣。

用身體上的一些小動作，表示你正在傾聽，這也是主動聽法的一種表現，這種身體語言，除了表示你正在全神貫注聆聽之外，也可以讓對方瞭解你的立場和見解。例如，雙手交叉拿到唇邊的信號表示：「我已經沒有什麼好說的了！」或者：「該你說了，我聽著。」

主動的聽法是一種有益的手段，行銷的開發，也都以此為核心，一般推銷員都被訓練得沉默而善傾聽。

通常推銷商品，百分之七十的推銷員在講話，顧客只講了百分之三十。如此雖然可以煽動顧客的關心和熱情，但卻不能引起顧客下決心時必須有的自信和理智。

一個期望買你東西的顧客，他所要的是商品和服務，可是，在他覺得有充分的理由之前，他是不會輕易下決斷或採取行動的。

新的行銷技能，是要訴諸於顧客的理智。於是，說話者和傾聽者的比率倒轉過來，顧客說話的時間變為百分之七十，而推銷員說話的時間只占百分之三十。最理想的辦法，就是在顧客需要推銷員提供的產品或服務之前，推銷員一直當聽眾，直到後來，才應顧客的要求，說出貨品的價格，介紹公司所能提供的產品與服務，然後以幾句簡單扼要的交代作總結。

主動的傾聽法，一般認為是最有效的，也是在各種情況下都能實行的。可是，如果你覺得這種主動傾聽法的技巧不適合於你，也可轉變一下角色，改當被動的聽者。

2. 被動的聽法——首肯是談話的潤滑油

我們經常會發現，沉默或是適宜的首肯，能夠改變或鼓舞說話的人，使他更加興致勃勃地掏出肺腑之言。一個好的聽眾，態度上要顯示出相當的謹慎，不在對方說話時插嘴，或任意發問。好的聽眾應該以受鼓舞的態度，專心地傾聽，在必要時才附和幾句。下面舉出幾種最具代表性的態度，如點頭、視線相交、微笑、同情地歎息等等。

如果談話中斷，你可以重複一次對方的結論。舉例來說：

說話者——所以，我昨天就到現場去了。

傾聽者——昨天……

說話者——他的確逐漸失去了幹勁。

傾聽者——逐漸失去……

被動的聽法給人的印象，難免比主動聽法薄弱。不過，當說話者支吾其詞時，這種被動的聽法會成為有效的手段。

在宴會中，你最多可以喝一點啤酒，或喝幾杯加了冰塊的雞尾酒，那就不至於誤事。在

宴會中，最好不要逗留到深夜，否則，隔天早上你會疲憊不堪，頭腦混亂影響到上班精神。你不要忘了四周的人時刻都在考驗你和試探你，所以你玩一會兒，就要藉故離開。你可以藉口要打電話、頭痛或其他原因，而提前告辭，因為這種活動畢竟和上班不同。

你要記得眾人都在注意你，挑你的毛病，所以無論聚餐或開會，絕不可遲到。即使你不願意觀賞夜晚的足球比賽，也要勉為其難陪大家一起看。每當會議結束之後，你要找機會做體操，舒展一下筋骨，經常保持頭腦清醒，免得在無意中出差錯。

此外，對於同事的承諾也不全當真。如果一幢大樓失火，頂樓的人都想搭直達電梯下去，就會造成擁擠。相同的是一家公司有了肥缺，大家免不了會爭著去而形成混亂。無論在人生的戰場、情場或商場上，任何人都很難期望通行無阻。在現實生活中，更是常常會為了什麼目的而擠得頭破血流。

平時跟同事相處，要有點戒心，不要將同事們懷有企圖的奉承當真。像下面這些話，你絕不可輕易相信。

「我真的實在喜歡你。」

「讓我們彼此合作吧！」

「你是我最最要好的朋友。」

「但願今後常能有機會一起吃午餐。」

對下屬，也有需要留意的地方。下屬絕不會當面說上司的壞話。他們大多認為，只要把分內工作做好，必要時給上司幾頂高帽子戴，或灌他們幾碗迷湯，就不怕沒飯吃。所以，他們的奉承話，是不能相信的。例如：

「我一直留在公司，最大的原因還是想繼續為你效勞。」

「我只願意聽從你的指示。」

「我只肯為你一個人工作。」

「如果你不在，我立刻就辭職。」

對公司向外宣傳的話，也必須打點折扣。因為公司聘請顧問、會計師或律師時，為了安定這些人對公司的信心，常會大放厥詞地說：

「本公司一向以誠信為本。」

「我們是獨立自主，不受任何人的影響。」

「公正是我們的口號。」

「我們確信能把工作做得盡善盡美的。」

公司方面當然不會把實情告知顧客，而是挑顧客喜歡聽的說，以便獲得合約。所以，公司對外的宣傳，是絕對不可全信的，除非對這些實情有絕對正確瞭解，否則，還是存疑而自求生存之道才是。

愛——傾聽、寬恕、支持、努力

我要講一個真實的故事——

美國一位大學教授和他的學生來到黑人貧民窟做調查研究，其中有一個課題是預測該地區的二百五十名黑人孩子將來的前途。學生們認真地做著報告，幾天後，這份報告的結果出來了，但結果是令教授憂心忡忡。學生們在報告中預測，這二百五十名黑人孩子將來無所作為，只能成為社會的負擔。

誤會儘管會帶來很多麻煩和不便，但是並不可怕，你要運用各種方法，讓誤會煙消雲散。

三十年後，教授去世了，他的一位舊同事從他的檔案中發現了當年的那份報告。這位同事在好奇心的驅使下，來到了當年的黑人貧民窟。他看到，事實並沒有如報告的結果那麼令人沮喪，相反的，發生的一切讓這位同事佩服得五體投地。原來調查的二百五十名黑人孩子中，除了十八個人因事離開故土無最新消息外，其餘的二百三十二人都成就斐然，他們當中有的人成為了銀行家，有的人成為了大律師，有的人成為了企業家，有的人成為了著名影星。

教授的同事逐一採訪了這二百三十二個人，追問他們何以能成功？這些人說得最多的是：「應該感謝我們的小學教師。」同事費盡周折找到了那位小學教師，此時，她已是白髮蒼蒼的老人，說話不太清楚，可是有一句話同事能聽懂：「I love these children（我愛這些孩子）。」

這個故事讓人想到了英國偉大的詩人羅傑斯生前和朋友們談得最多的一個話題。一個女孩人見人愛，有人問她：「為什麼大家都這麼喜歡你？」小女孩天真地說：「我猜，大概是我愛每一個人的緣故吧。」生命的目的在愛人。通常，我們做人到底擁有多少成功和快樂，這要取決於我們到底付出了多少愛，又有多少東西在愛著我們。

誤會儘管會帶來很多麻煩和不便，但是並不可怕，你要運用各種方法，讓誤會煙消雲散。

做人最博大的自由是愛，做人最富有的財產也是愛。愛的成就無限寬廣，因為它能到達一切才智難以到達的心靈彼岸。

愛人者，人恆愛之；敬人者，人恆敬之。愛是一種活動的情感，不是靜止的物體。愛是我們生活中一種很特殊的經驗，要想擁有它，最好的辦法是把它施捨給別人。誠如法國哲學家居友所說：「我們每個人都有很多的同情、很多的愛心，比維持我們生存所需要的多得多，我們應該把它施捨給別人，這就是生命開花。」

愛的英文說法為：「LOVE」，把它擴展開來，即：

L：**就是傾聽**(Listen)。愛他，就是要無條件地、沒有偏見地傾聽他的需求；

O：**就是寬恕**(Overlook)。愛他，就是寬恕他的缺點與錯誤，找出他的優點與好處。

V：**就是支持**(Voice)。愛他，就是要經常表示你支持他。真誠地鼓勵，愛憐地「輕撫」與悅耳地稱讚。

E：**就是努力**(Effort)。愛他，就是不斷地努力，花費更多的時間，做出某種犧牲，以顯示你對他的興趣。

孔子說，仁者愛人。一個人富有寬博的愛心，自然能夠設身處地為別人考慮問題。愛，

愛的奉獻

不僅僅侷限於通常的情愛。寬容大度，給別人多一點同情的理解，也是一種愛。

《聖經》中說：「愛是恆久忍耐，又是恩慈。愛是不嫉妒，愛是不自誇，不張狂，不做害羞的事，不求自己的益處，不輕易發怒，不計算人的惡，不喜歡不義，只喜歡真理。凡事包容，凡事相信，凡事盼望，凡事忍耐，愛是永不止息。」有位基督教徒保羅曾說：「如今常存的有信、有望、有愛。這三樣中，愛是最偉大的。」可見，讓世界充滿愛，無論東西南北，無論是中國孔子的仁愛，還是西方耶穌的愛，都是人類作為群體發自內心深處的呼喚。

愛從來都是相互的，仁愛之中的仁字，表明愛絕非單一的載體。施愛於對方，愛就成為一種情感力量，推動主體心靈內美的昇華；而受愛者所領略的是人世間最純淨最無私的心靈奉獻和情緒渲染，在這種情況下，他也會施愛於人的。所以，愛是溝通人際的橋樑，是和諧人際的仲介。無愛的世界是人情的荒原，無愛的群體是殘酷的組合，無愛的社會是野蠻的雜匯。

新加坡一所小學門廳的牆上張貼著這樣幾段話：

別人蠻不講理、自私自利，但無論如何，你總要愛他；

如果你做好事，別人說你另有居心，但無論如何，你總要做好事；

或許你今天做的好事到明天就會被遺忘，但無論如何，你總要成功；

誠實和坦率讓你處處受到責備，但無論如何，你總要誠實和坦率；

你花費多年建設起來的基業可能會一夜坍塌，但無論如何，你總要建設；

別人的確需要幫助，如果你幫助了他，卻受到攻擊，但無論如何，你總要幫助；

將你所擁有的獻給世界，雖然你可能被踢掉牙齒，但無論如何，你總要將最好的東西獻給世界。

我們常說「愛是無私的」，它不但指我們施予愛的對象不應有所選擇，更是指對施予者而言，是不存私心的。愛的偉大就體現在「無私」二字中。有人說愛是自私的，這種說法我們不同意。將愛說成自私，不是對愛的誤解，就是對愛的玷污。愛在感情的長河裡，每朵浪花都凝結著心的忠誠，意的厚實。愛心與愛意的奉獻，是純潔的，是高尚的，是嚴肅的，如冰山上的雪蓮，如藍天下的白鴿，如峰頂上的松柏。愛，以和諧為軸心，散發出溫馨、甜美和幸福。愛的世界很寬闊，容得下等待、忍讓和理解。愛的耕耘能使荒原變為綠洲，愛的努力能使社會變得溫暖。

當愛存在的時候，我們才感到「做人真好」。不可否認的，在我們的身邊周圍，總是不斷地有報復、爭鬥、嫉恨、嘲諷、猜疑、欺騙，甚至兇殺等等爆炸新聞發生，但這些骯髒的垃圾在愛的陽光下顯得那麼空虛無聊，那麼可憎無恥。愛把溫暖和幸福，帶給親人、朋友、家庭、社會、人類。愛是永恆的主題，持久的構思，多彩的內容。我們不能看到罪惡，就否定這個世界沒有愛，就像不能看到礁石就厭惡海洋，看到死亡就否定生命一樣。人類之愛是先哲聖賢追求的，也是他們所渴望的，更是平常百姓期盼的。當人與人之間把真誠、善良、平等、團結、和睦、共處、賜惠，這些愛的因素劇變為熾熱的能量的時候，世界將不只是一個地球村，而是一個大家庭了。

一顆純淨的心需要另一顆純淨的心的相互映照，一顆黑暗的心更需要一顆純淨的心的照耀與沐浴。由黑暗而光明，由痛苦而幸福，這是一種漫長的靈魂洗禮。

愛心永恆

世界之所以不會冰冷，是因為我們的臉上會露出微笑；生活之所以充滿陽光，是因為我們的內心擁有感情。你知道嗎？我們的生存空間是一個巨大的磁場，場內、場外都需要我們用愛去投入。

感動別人，是帶著誠摯對美好的奉獻；被人感動，是懷著純真對美好的享受。奉獻愛心，是對人格的昇華；享受愛心，是對靈魂的淨化。

我在一本雜誌上讀到了一篇標題為《愛心可以永恆》的文章，當我讀完之後，心頭感到沉甸甸的厚重：

礦工進入礦場挖煤礦時，一不小心敲到啞炮上。啞炮響了，礦工當場被炸死。因為礦工是臨時工，所以礦上只發放了一筆撫恤金，從此不再過問礦工妻子和兒子以後的生活。

悲慟欲絕的妻子在喪夫之痛後又面臨來自生活上的壓力，她無一技之長，只好收拾行李準備回到那個閉塞的小山村去。這時礦工的隊長找到了她，告訴她說礦工們都不愛吃礦場提供的早飯，建議她在礦場附近擺個小攤，賣些早點，一定可以維持生計。礦工妻子想了一想，便點頭答應了。

於是一輛手推車往礦場一擺，餛飩攤就開張了。十五元一碗的餛飩熱氣騰騰，開張第一天就來了十二個人。隨著時間的推移，吃餛飩的人越來越多。最多時可達二三十人，而最少時從未少過十二個人，而且風霜雨雪從不間斷。

時間一長，許多礦工的妻子都發現自己的丈夫養成了一個雷打不動的習慣：每天進入礦坑前必須吃上一碗餛飩。妻子們百般猜疑，甚至採用跟蹤、質問等種種方法來探求究竟，結果均一無所獲。甚至有的妻子故意做好早飯給丈夫吃，卻又發現丈夫仍然去餛飩攤吃上一碗餛飩。妻子們百思不得其解。直到有一天，隊長挖煤礦時也不幸被啞炮炸成重傷。在彌留之際，他對妻子說：「我死之後，你一定要接替我每天去吃一碗餛飩。這是我們隊上十二個兄弟的約定，自己的兄弟死了，他的老婆孩子，咱們不幫誰幫。」

從此以後每天的早晨，在眾多吃餛飩的人群中，又多了一位女人的身影。來去匆匆的人流不斷，而時光變幻之間唯一不變的是不多不少的十二個人。

時光飛逝之間，當年礦工的兒子已長大成人，而他飽受苦難的母親兩鬢花白，卻依然用真誠的微笑面對著每一個前來吃餛飩的人。那是發自內心的真誠與善良。更重要的是，前來

光臨餛飩攤的人，儘管年輕的代替了年老的，女人代替了男人，但從未少過十二個人。穿透十幾年歲月滄桑，依然閃亮的是十二顆金燦燦的愛心。

有一種承諾可以海枯石爛，用愛塑造的承諾，穿越塵世間最昂貴的時光，十二個共同的秘密其實只有一個秘密：愛心可以永恆。

人活在世界上，最重要的是要有愛人的能力，而不是被愛。我們不懂得愛人，又如何能被人所愛？我們之所以對生命做不到深刻透徹的認識，總認為做人難，是我們還沒有意識到愛人的快樂，人與人都是以心交心，以心換心的。愛人的心，自然會被人所愛。

富有愛心的人，不但自己的生活充實快樂，而且能感染別人。你富有愛心，可能你並不富有，沒有炫耀的地位，沒有顯赫的聲名，沒有上億的財產，但在精神上，你卻是天使。

愛心必須具有包容力，容人所不能容，包人所不能包，有寬大的胸襟。你曾經給予過的，不一定祈求有酬謝，也許，你本來就可以給得更多一些。

你做人有愛心，你會很樂意地分擔別人的痛苦，也高興把自己的快樂和朋友一塊分享，而自己的苦味，你會用微笑來掩蓋，只是一個人在角落裡默默地享受。

你做人有愛心，你就不會犯「紅眼病」，不會嫉恨別人，不會嫉妒別人，坦誠地肯定別人的功勞和自己的過失。即使是自己的功績，你也會很謙虛地認為這是屬於大家的，面對應當承當的責任，你也不會退後，不做縮頭的烏龜。

你做人有愛心，你就不會去計較那些功名得失，心裡坦蕩蕩，像一汪碧泉，清澈晶瑩，容不得污穢和虛偽。你做人有愛心，與生俱來就是正直的，虛偽苦難在你的成功字典裡是找不到的。就算你沒有接受過高等教育，你也絕不會把黑的說成白的，不會故意把鹿說成馬。

你做人有愛心，你必定樂觀、豪爽。你總是用微笑來驅散生活中的痛苦和眼淚，如果成功的路上有一千個理由讓你哭泣，那麼，你會堅信，成功更有一千零一個理由讓你微笑。你做人有愛心，你會大力奉獻自己的聰明才智，金錢物品。對朋友，你可以「願車馬輕裘與朋友共而無憾」；對知己，你可以壯吟「風蕭蕭兮，易水寒，壯士一去兮，不復還」，為知己拋頭顱灑熱血，奉獻全部。

你做人有愛心，你就是幸福的人。在你的周圍，愛的光輝普照，你真心付出的，雖然你並不是為企求回報而付出，但你的的確確會得到更多更濃的愛的回饋，你將生活在愛的平實、親切之中。

愛心可以永恆。誠如屠格涅夫所言：「愛，我想比死和死的恐懼更強大。依靠這種愛，生命才能維持下去，發展下去。」

德蘭修女的樂善好施

如果一個人能夠用愛心無償地給予別人以服務和幫助，他的生命一定閃爍著光彩，充滿著喜悅和快樂。

從前有個國王，非常寵愛他的兒子。這位年輕的王子，過著衣來伸手、飯來張口的日子，要什麼有什麼。可是，他從來沒有開心地笑過一回，每天都是愁眉緊鎖、鬱鬱寡歡的樣子。

有一天，一位魔術師走進王宮對國王說，他能讓王子快樂起來。國王興奮地說：「如果你能辦成這件事，宮裡的金銀財寶隨便你拿。」

魔術師帶著王子進了一間密室，他用白色的東西在一張紙上塗了些筆劃，然後交給王子，並囑咐他點亮蠟燭，看紙上會出現什麼。說完，魔術師走開了。

年輕的王子在燭光的映照下，看見那些白色的字跡化做美麗的綠色，變成這樣幾個字：「每天為別人做一件善事。」王子依此做去，不久之後他果然成為了一個快樂的少年。

人之所以生活得有意義，有快樂，有豐足感，是因為他能奉獻，而不是處心積慮地想到佔有。奉獻給人一個實現自我的空間，因為他知道要努力工作，為社會服務，他知道要肩負一個幫助和安慰大眾的使命。在那努力的目標之中，他發現了生活實現的空間。

一個人只要肯為別人奉獻自我，他就會生活在快樂之中。如果我們養成奉獻的習慣，我們就會擁有心靈和財富的富足。

人生的意義是一種奉獻，只要你願意，每個人都能做到這一點。有智慧的人奉獻智慧，沒有智慧的人奉獻體力，沒有體力的人奉獻財物，沒有財物的人奉獻技術，沒有技術的人奉獻言語，沒有言語的人奉獻微笑，沒有微笑的人奉獻祈禱。每個人都能盡一己之力以服務人群，不僅利己，並造福社會。

曾獲諾貝爾和平獎，受全世界敬仰的德蘭修女，由於和英國平民王妃黛安娜的死期接近，所以有人將她們二人相提並論，但她們卻是兩個截然不同的類型。德蘭沒有黛妃的風華絕代，她個子瘦小，相貌普通；她有的，是一顆美麗的愛心。黛妃在衛生、安全的醫院裡和

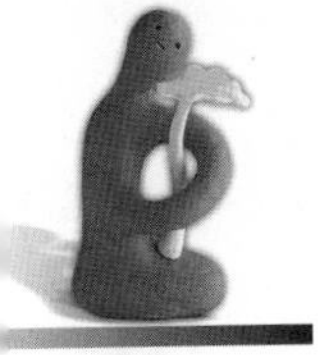

愛滋病人握手，會有記者拍下照片刊登在報刊雜誌上，讓人歌頌她的愛心；可德蘭卻不知多少次在污穢、骯髒的街道擁抱那些患皮膚病、傳染病，甚至周身流膿的垂死病人，把他們帶回自己的住處，照顧他們，安葬他們，讓人們享受她無私大愛的奉獻。

許多人一談到德蘭修女，都說她是個偉大的人，和她相比，自己實在太渺小了。可德蘭修女卻說：「我們都不是偉大的人，但我們可以用偉大的愛來做生活中每一件平凡的事。」

德蘭修女不曾像耶穌那樣叫死人復活，讓每一個看到的人都感到驚奇；她不曾用五餅二魚餵飽五千人，令人跟在後頭擁護她；她不曾鬧過叫天地變色的社會革命，讓一個國家發生翻天覆地的變化。德蘭修女所做的，是每一個普普通通的人都有能力做到的事：照顧垂死的病人，為他們洗腳、擦身，當他們被別人踐踏如塵的時候，還給他們做人的尊嚴，僅此而已。

或許，我們做人的境界還沒有達到德蘭修女這樣的高度，但是我們如果常存樂善好施、成人之美的好心，這個世界又會減少多少憂傷和怨嘆。

索取與付出

有一則寓言故事，蘊涵了深刻的做人哲理。

趙秀才與錢商人死後一起來到地獄，閻王看過功德簿後對他們說：「你們二人前生沒有做什麼壞事，我特准你們來生投胎做人。但現在只有兩種做人的方式讓你們選擇，一種是做付出的人，一種是做索取的人。也就是說，一個人需要過付出、給予的人生，一個人需要過索取、接受的人生。」閻王說完，便讓趙秀才和錢商人慎重考慮後再做選擇。

趙秀才心想，前世我的日子過得並不富裕，有時還填不飽肚子，現在准許可以在來生過著索取接受的生活，也就是吃、穿都是現成的，我只用坐享其成就行了，那樣不是太舒服了嗎？想到這裡，他第一個說道：「我要做索取的人。」

錢商人看到趙秀才選擇了來生要過索取、接受的人生，自己只有付出、給予這條人生之路可供選擇，沒有別的選擇，他還想到自己前生經商賺了一點錢，來生就把它們都施捨出去吧。於是，他心甘情願地選擇了過付出、給予的生活，做一個付出的人。

閻王看他們選擇完了，當下判定二人來生的命運：「趙秀才甘願過索取、接受的人生，下輩子做乞丐，整天向人索取飯食，接受別人的施捨。錢商人甘願過付出、給予的人生，下輩子做富豪，行善佈施，幫助別人。」

一個人在選擇人生時，其實也在選擇態度。態度決定一切！誰懂得付出與給予，他自己人生的結局總不會太壞。

付出、給予，這是我們立身成人之本。我們懂得付出，就永遠有可以付出的資本；我們貪圖索取，就永遠有必須索取的企求。付出越多，收穫越大；索取越多，收穫越小。人生就是由這樣一種慣性趨勢操縱著，我們生存在什麼樣的狀態下，這種狀態就會像滾雪球似的，越滾越大。只要我們養成付出、給予的習慣，我們就會擁有越來越多的可供付出、給予的資本。

《李嘉誠的做人之道》一書中展示了李嘉誠這位「千億富豪」的拳拳愛國家、愛人民之心。李嘉誠說得最多的一句話就是：「錢來自社會，應該用於社會。」他在取得巨大的物質財富之後，便積極推行有利於國家和人民的慈善事業。為了替他在大陸的家鄉人民做一點事情，李嘉誠在百忙之中，親自在汕頭選擇校址購地建立汕頭大學，他出資數億港元為學校購置最現代化的設備，還物色教授，捐贈大量的電子教學儀器。一九九一年，中國大陸華東地區遭受特大洪水災害，李嘉誠個人捐款五千萬港幣，成為當時個人捐款最多的企業家。

子曰：「窮則獨善其身，達則兼善天下。」因為我們的付出和給予，為他人造就了幸福和快樂，而這種幸福和快樂，最終也會降臨到我們自己的身上。

多一點人情味

愛心，在口語中可以理解為「多點人情味」。有個朋友想跳槽，來找我，希望我能介紹工作給他做。我和他面試時，發現他原來的公司工作還可以，薪水也不低，應該還是有發展的機會，怎麼會想到要跳槽呢？當我把這疑問很坦白地說出來後，年輕人的回答也很乾脆：「因為缺乏人情味。」

做人要有人情味。有人情味的人，能瞭解別人的想法，會設身處地為他人著想，甚至可以犧牲自己的利益。人情味並不需要花費很多的錢，不需要高雅的情調，不需要華麗的包裝，簡簡單單的一個笑容，一句問候，一杯清茶，就足以感動人心。

生活中不少人抱著「有事有人，無事無人」的態度，把朋友看成受傷後的拐杖，身體康復後便隨手扔掉。這種人大多數會被別人拋棄，沒有人願意再給他幫忙；他有能力去幫助人時，大概也不會有人願意領情。

我認識一位環保志工人員，她曾經講過一個小故事。她有一個高中同學兩人十分要好，考入同一所大學後，同學當上了班級幹部。有人說地位高了，人就會變。那位同學上任後，見到她，有時乾脆裝做沒看見，日子久了，二人關係也就疏遠了。但同學有時也突然向她尋求幫助，出於朋友一場，她總是盡心盡力地盡其所能。可事後，同學又犯了老毛病，她有種

被利用的感覺，卻無奈她總是心太軟，不好公開說「不」。就這樣，同學大事小事都找她，其他朋友都勸她放棄這份友情，認為這種人不值得交往。當她下決心不再理會這位同學的請求時，那位同學傷心地流下眼淚哭道：「我除了你什麼朋友也沒有了。」

一個沒有人情味的人，是永遠也無法瞭解「幫助」這個看似簡單實則微妙的人情關係術的豐富內涵的。比如說，給人幫助不能過分挑明，以免傷人自尊；施恩於人不可一次過多，否則會成為對方的負擔，雙方關係再難維持。這種人只會用「互相利用，互相拋棄，彼此心照不宣」的藉口來為自己推擋，而不去探索人情世故的奧秘之處。所以，這種人是無法達到操縱自如的人情的境界。

做人要有人情味。真正的成功者，都是最懂得順應人情的人。要善於調整與運用自己的感受去觀察、體貼別人，從而及時修正生活中的種種關係。心直口快未必就是好。心直口快者倘若被人當頭一頓數落，也會臉紅心跳，或者竟數落錯了，更會氣憤難平。那麼他就不該以自己的性格或脾氣為藉口，讓這樣的尷尬頻繁地落到他周圍朋友的頭上。談自己的看法，完全可以採取不同的方式，並不是不要、不准你談，喜歡做一個透明度高的人，固然是好，不過，能夠做得別人都欣賞你，不是更好！

人們喜歡把成熟的人比作一塊鵝卵石，它是由生活的潮水經年累月地沖刷，把種種的稜角都磨得光滑了而生成的。這樣的石頭，總是容易順勢找到一個比較穩妥的位置。不過，成熟的人似乎更像一顆雨花石，好醜高下不論，都是有自己的特色的，就像一塊塊蘊含著花紋與色彩的雨花石。不過，若把雨花石乾置在那裡，那它們就只是暗淡無光，甚至是麻麻點點的一大堆普通石子。只有把雨花石浸入放了清水的白磁片裡，它才會現出那陡然晶瑩，漾出奇妙的圖案、斑斕的色彩、精美的花紋。這清水和磁片，就是一種不可缺少的工夫——修養。

要讓人覺得有人情味，不要有「只一次」交往的心態和行為。在某些凡事講求實際、實用、實效的人物眼中，所謂的人情，就是你送我一包煙，我給你幾塊錢的等價交換，更像殺人償命，欠債還錢，概不賒欠的原則。這種只有一次的交往外表看來瀟脫、不拖泥帶水，裡面實則包含了太多的困惑。誠然，受到幫助的人也許在短時間內不願再次開口求助，而你也沒必要固守「事不過三」的古訓，當人家確實有困難而無能為力的時候，儘管你已經幫助過他，儘管他深知欠你人情而不好意思向你開口，但作為知情者，你不應無動於衷，不妨再次主動伸出援助之手。事實上，這種行為最容易贏得人情效應，即使對方一時無力給你回報，但你的高風，你的人品，已被更多的人所知曉。

誤會儘管會帶來很多麻煩和不便，但是並不可怕，你要運用各種方法，讓誤會煙消雲散。

要讓人覺得有人情味，與別人在一起時，要多泡點苦水。所謂的泡苦水，也就是同舟共濟，心往一處想，力往一處使。人們在一起共事，共同的命運把大家連在一起。只要採取合作態度，互相支持、幫助、關照，是容易產生感情認同的。尤其在困難時期，彼此相依為命，共渡難關，不問時間長短，可能一輩子都會刻骨銘心地記著。

社會是個大舞臺，在這個舞臺上，有人做編劇，有人做導演，有人做演員，有人做美術，有人做化妝，有人做指揮，有人做配樂……等等。但不管你在社會這個大舞臺上充當什麼角色，你都要有人情味兒，要有道德風貌範。人情味兒和道德風範是構建社會文明大廈的基礎。一個有真正文明的社會急需每個人都充滿人情味兒，這是我們應當加倍努力去做的！

幫助他人也要有技巧

我們在社會上做人，都需要好的人際關係希望跟別人相處融洽，建立好的友誼，溝通意見，互信互助。人緣關係，處理得順手的人，我們稱他的人緣好。人緣好是安全感的來源，是社會生活的基礎，是事業成功的要件，是創造輝煌的平台。

擁有好人緣的人一定會是一個有愛心的人，好人緣的基本特點是當別人遇到困難時，需要你幫一把時，你會毫不猶豫的搭把手，不圖回報。

人際間的緣分是共有的，是沒有你我之分，是你中有我，我中有你。我幫了你，你幫了他，他又幫了我。大家互相幫助，就是一種社會共有的緣分。

有一種說法，叫做生活不需要技巧，講的是人與人之間要以誠相待，不要懷著某種個人目的。因為一旦被對方發現自己是被你利用的工具，即使你對他再好，也只能引起他對你的敵意，並拒絕和你繼續保持關係。所以，要獲得真正成功的人際關係，就只能用愛心去和別人推心置腹地打交道。在這種情況下，你再去幫助他，他才會感覺到人間處處是美好。對別人的幫助，要落實到具體的行動上，不要只停留在口頭上。幫助有兩種可能，一種可能是隨便幫幫，一種可能是一幫到底，做足人情。第一種幫助不能說它不是幫助，因為它也能給人帶來某種好處，但隨便幫幫的幫助不是真正的幫助，因為這種隨便的幫助在關鍵的時候總是不管用。第二種幫助才是真正的幫助，它能幫人徹底解決實際困難。

幫助別人也離不開技巧。在具體的情景下，當你想幫助某個人時，你要注意具體方法，如何幫助他，才能使他真正得到你的幫助。一位有殘疾的人坐在輪椅上正要上坡，但因坡度

較大，他費了很大的工夫也沒上去。好心的你走上前，想幫助他，告訴他該怎樣用力。你不知道，他此時最需要的，是你從後面推他一把，讓他順利通過這段道路。

幫助別人，要堅持不懈，不能一時風，一時雨，憑自己的興致來做。也不要這也幫那也幫，不高興的時候就誰都不幫。做一件好事並不難，難的是一輩子做好事，不做壞事。這種境界，是很難達到的。現代社會，在金錢的誘惑衝擊之下，很多人的一舉一動都只有考慮著自己的利益，不肯不願幫助別人，若要堅持不懈地幫助別人更是空談。

幫助別人，不要居功自傲。幫助時應注意：不要使對方覺得接受你的幫助是一種負擔；幫助別人要做得自然得體，也就是說在當時對方或許無法強烈的感受到，但是時日越久越能體會到你對他的關心，能夠做到這一點是最理想的；幫助他人時要高高興興，不可以有心不甘情不願的心情。如果你在幫忙的時候，覺得很勉強，意識裡存在著「這是為對方而做」的觀念。假如對方對你的幫助毫無反應，你一定大為生氣，認為，我這樣辛苦地幫你，你還不知感激，太不識好歹、太不會做人了。如此態度甚至想法不要表現出來。

如果對方也是一個能為別人考慮著想的人，你為他幫忙的各種好處，絕不會像潑出去的水一樣覆水難收，他一定會用別的方式來回報你。

人不是刺蝟，難以合群；人是情感動物，需要彼此的互愛互助，且不可像傳統市場做生意那樣赤裸裸地，一口一個「有事嗎」，「你幫了我的忙，下次我一定幫你」。忽視了感情的交流，會讓人興味索然，彼此的交情也維持不了多長時間。

一個好漢三個幫，你拉著我的手，我拉著他的手，他拉著你的手，這個世界就屬於你我他大家的了。

人性貴善

曾經有一位西藏高僧，他每天打坐的時候，都要在面前放下一黑一白兩堆小石子。用大師的話說，黑白石子代表自己的善惡兩念。善念萌生時，他會拿一顆白石子放在一邊；惡念萌生時，他會拿一顆黑石子放在另一邊。最初，大師檢點時發現，黑石子多，白石子少。每當這時，大師會打自己的耳光，痛哭自責說：「你在苦海裡輪迴，難道還不知應該要悔過嗎？」四十多年過去了，大師手下全部變成白石子了。最終，大師修成了菩提道。

向善之心，人皆有之。人性本善的，人能向善，人能為善。人能向善，人才能使自己趨於美好；人能為善，人的世界才能趨於美好。

一個人要做好人很難，要做壞人都極易。劉備曾教導他的兒子劉禪說：「莫以善小而不為，莫以惡小而為之。」善良是一種巨大的力量，任何力量都不如善良的力量大。善良並不體現在你送給他人的禮物上，而是出自在於你一顆誠摯的心。有的人能從錢包裡掏錢出來送給別人，但他的心卻是冰冷漠然。用錢財表現出來的好心不僅不可靠，而且往往帶來負面影響。

海倫‧凱勒一生下來便是聾啞盲人，世上所有的不幸全都降臨到她的身上，她失去了和周圍的人進行正常溝通的能力，只有當她的觸覺幫助她把手伸向別人時，她才會體驗到愛人與被愛的幸福。最後，一位虔誠而偉大的教師沙利向海倫伸出了友愛之手，使這位天生不幸的女孩也成了一位快樂、幸福及成就卓越之人，並且令許多天生正常之人也無法企及。

海倫‧凱勒曾經這麼寫道：「任何人出於她善良的心，說一句有益的話，發出一次愉快的笑，或者為別人鏟平不平的道路，這樣的人就會感到他的歡欣是他自身極其親密的一部分，以致使他終生追求這種歡欣。」

在猶太人中流傳著這樣一個故事：一個中年婦女中午在家門口碰到三位老人。她上前對老人們說：「你們一定餓了，請進屋裡吃點東西吧！」「我們不能一起進屋。」老人們說。

「為什麼？」中年婦女不解。

一位老人指著同伴說：「他叫成功，他叫財富，我叫善良。你現在進屋和家人商量一下，看看需要我們當中哪一位？」中年婦女進屋和家人商量後決定把善良請進屋。她出來對老人們說：「善良老人，請到我家來做客吧。」善良老人起身向屋子走去，另兩位叫成功和財富的老人也跟進來了。中年婦女感到奇怪，問成功和財富：「你們怎麼也進來了？」

老人們都回答說：「哪裡有善良，哪裡就有成功和財富。」

瞭解萬歲

有一家著名的美容院，最近它正被一個不爭氣員工的蠻橫所困擾著。心怡在美容院裡已經做了近三年了，是元老之一，也是技術最好、造型最漂亮的一個美容師——正因為這一點，老闆才一忍再忍，不捨得開除她。因為每天至少有三分之一的老顧客是衝著她來的。然而這三年來，心怡一直在給美容院惹麻煩，她脾氣暴躁，經常摔東西，動不動就與其他同事大吵大鬧，甚至動手，並且有時無故得罪服務對象。老闆對此常常怒不可遏，卻又無計可施，畢竟再找一個像心怡這樣技術好的美容師不容易，因此，老闆萬般無奈。

同事淑珍是個善解人意的人，堅持認為心怡目前的狀況一定是有原因的，並對心怡給以理解和同情，於是她逐漸地瞭解了有關心怡的情況，例如她的生活背景、需求、擔憂和煩惱，還有她在工作及家庭中所遭受的失意和挫折，她面臨的狀況是否也會使我們大多數人不悅……等等多方面的資訊。淑珍獲得了心怡的一些相關資料後，她吃驚地發現她竟瞭解有關心怡的那麼多東西，可以前她卻覺得心怡簡直是個謎，令人困惑不已，別人與心怡之間簡直永無溝通之日。而這些資料如下：

1. 心怡被一個她認作姑姑的人撫養大。她也許不是她的媽媽。她對他的父親一無所知。傳言心怡的「姑姑」有一串同居的男朋友，其中有些還因施虐而知名。

2. 心怡住在一幢公寓裡，裡面住著許多問題家庭。

3. 心怡患有氣喘，並且經常曠職。

4. 她在美容院裡沒有朋友，男同事都不喜歡她。她對女同事懷有惡意，她們也都迴避她。

5. 週末休息時老闆常常把心怡留下來加班。（這使得她沒什麼機會和其他人交朋友！）

6. 當老闆偶爾給心怡點額外的事兒做時，她也能幫上忙，儘管她需要不時地督促。

7. 心怡不誠實、不可捉摸、富於攻擊性、喜歡捏人鼻子、不招人喜歡，而且大多時候極為討厭（如果你是像她那樣被撫養大的，你說不定會更糟）。但她也是脆弱的、困惑的、不幸的。她有動人的微笑。並且有時帶給她令人感動的小禮物。

淑珍也驚愕於大家也包括自己在內沒有為心怡做得更多，對她瞭解不多，理解、關心不夠。當淑珍和同事們冷靜地看待她的情況時，她們也就能夠理解心怡的表現了。她們清楚地看到，她們可以做些事情來幫助心怡。比如：

①不再讓別人責備心怡的既有個性。顯然，她對她自己的大多數缺點沒有責任。

②嘗試與她的親人接觸，瞭解她生活的更多細節。

③當她因為氣喘而曠職，幫她跟老闆爭取不要扣她的薪水。

④創造機會給她的工作打好分數，並適時地表揚她。

⑤勸說老闆不再週末休息時扣留她，給她更多機會與其他人打成一片，勸說其他一些同事來善待她。

⑥給她更多機會幫助做美容院的工作，對她的努力給予鼓勵（當她做這些工作時，藉機與她進行私下談話，好方便更瞭解她、並建立友好的關係）。淑珍知道，心怡不會在一夜之間改變對大家的態度，但是她確信這是重要的一步。幾周以後她發現整個集體的情況大有好轉。心怡對這些善意做出了反應，她的情緒變好了，同時也更合作、更樂於助人了。老闆對她友好的關注使她在同事心目中更有地位，她變得不那麼有攻擊性了。

大家都認識到，心怡因為在家中受到忽視，極需受到注意，因為她不知道怎樣表現才好，所以就一直靠搗亂來贏得注意。現在大家創造機會讓她因為表現好而得到注意。

從心怡的轉變表明，理解可以促進雙方相互體諒與溝通，進而達到團結難相處的同事、保全工作大局的目的。由於不願意費心去理解難相處的同事，結果不但會使他的生活更困難，也會使我們自己的生活更糟糕。一旦你瞭解了他，就容易在心理上溝通、在感情上親近，那麼，與難相處同事間的交往也就會輕鬆愉快了。

人是複雜的，不論在什麼情況下，每個人都渴望別人理解自己。不瞭解他人的同事很難與別人團結一致，不被他人瞭解的同事，也很難掙脫孤獨和苦悶的陰影。

「瞭解萬歲」，瞭解是人際活動中基本的要求，但又是很難達到的要求。全面展現自己瞭解他人的能力和素質，你就能保持人際關係的和諧。大家相處融洽，合作起來也就事半功倍了。

第三章・避免誤會關鍵在於「說」

誤會，往往是因為說出來的話，引起了別人的誤解才造成的。所以，我們需要格外注意自己說話的技巧，避免誤會的發生。

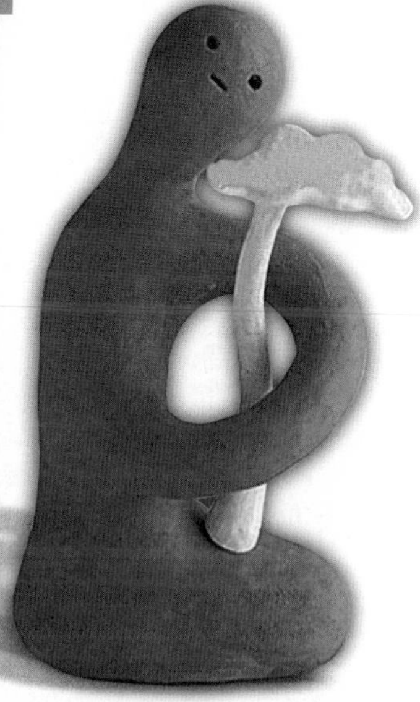

口頭表達的三種方法

口語能力，即說話時對語言的速度節奏、聲音的高低、輕重大小、口調抑揚頓挫的控制和變化能力，是語言形象的一個重要組成部分。如果一個人有較好的聲音造型，不但發音明亮悅耳、字正腔圓，而且還能隨著溝通過程中的內容、場景、雙方的人際關係的不同，有高低抑揚、快慢急緩、強弱輕重、頓挫斷連、明虛暗實等多種變化，那麼聲音就具有強烈的音樂旋律感和迷人的藝術魅力，也能避免他人對你說的話產生誤解。

怎樣才能提高口語發送能力呢？

1. **要發音準確，吐字清楚：**讀錯字或發音不準，會鬧出笑話，毫無魅力可言；說話不清，含含糊糊，使聽眾感到吃力，也會降低其接受資訊的信心。

2. **要注意聲調和語調：**聲調即單個詞的調子，語調即貫穿整個句子的調子，兩者決定了聲音的高低抑揚。語調可分為降調和升調兩種基本類型，隨著句子的語氣和表達者感情的變化，可以變化出其他多種類型。語調有區別句子語氣和意義的作用。如「你做得不錯」說成降調，是陳述性句式，帶有肯定、鼓勵的語氣；說成升調，是疑問性句式，帶有不信任和諷刺的意味。在談話時應注意把握語調，以增強吸引公眾的魅力，讓聽者準確捕

捉到你說話的意圖，免得發生誤會。

3. **注意語言的速度節奏：**人們說話時，影響速度節奏的主要原因是人們內心情緒的起伏變化。速度節奏的控制和變化一般要通過音調的輕重強弱、吐字的快慢斷連、重音的各種對比以及長短句式、整散句式、緊鬆句式的不同配合才能實現。我們應掌握這些規律，做到快慢適中，快而不亂，慢而不斷，增強語言形象的美感。

這些，都可以從說話最基本的因素上幫助你避免誤會的發生。

語言的魔力

1. **簡單、明確是避免誤會的重要工具：**提高語言表達能力，學會簡潔是避免誤會發生必過的一關。

簡潔精煉是以最經濟的語言手段，輸出最大的資訊量。在公關交際中，簡潔精煉的語言常常能比繁雜冗長的話題更吸引人。它呈現出說話者本人分析問題的快捷和深刻，是對說話者自己認識能力和思維能力高超的表現；它能使聽眾在較短的時間內獲得較多的有用資訊，

誤會，往往是因為說出來的話，引起了別人的誤解才造成的。所以，我們需要格外注意自己說話的技巧。

有助於避免對方產生誤會，博得對方的好感；它是說話者自身果敢、決斷的性格表現。自信心強、辦事果敢的人，其語言是簡潔精煉的。語言風格也是時代風貌的反映，現代化社會節奏快、時間觀念強，說話簡潔會給人一種朝氣勃勃的現代人的感覺，尤其為人所推崇。所以我們要努力培養自己的簡潔精煉的言語風格。

①頭腦裡要庫存一定的材料，並且臨場交際時要善於選用適當達意、言簡意賅的詞語來表達思想，不要讓一條簡短的資訊淹沒在毫無意義的修飾成分、限制成分和無謂的強化成分之中。

②要抓住重點。說話時，要使語言中心突出、切中要害，不要東拉西扯、言不及義。

③要理清思路。說話前，對於自己要表達的思想先要非常清楚，要安排好結構，條理連貫，層次分明，同時注意穩定情緒，保持情緒平穩，這是理清思路的一個重要條件。

2. 注意語言用字的魔力：用對了字眼不僅能打動人心，同時更能帶出行動，而行動的結果不光是能夠避免誤會，還可以展現出另一種人生。

當我們所說的話用對了字眼就能叫人笑、治療人的心病、帶給人希望，然而若是用錯了字眼就會使人哭、刺傷人的心、帶給人失望。同樣地，藉著所用的「字眼」可以讓別人瞭解

我們崇高的心志和由衷的願望。

馬克・吐溫說：「恰當地用字極具威力，每當我們用對了字眼……我們的精神和肉體都會有很大的轉變，就像在電光火石之間。」

歷史上許多偉大的人物就是因為善於運用字眼的力量，大大地激勵了當時的人們，決心跟隨著這些偉大的人物，塑造出今天的世界。當派翠克・亨利站在十三州代表之前慷慨激昂地說：「我不知道其他的人要怎麼做，但就我而言，不自由毋寧死。」這句話激發了幾代美國人的決心，誓言要推翻長久以來騎在他們頭上的苛政，結果造成燎原之火，美利堅合眾國於此誕生。

美國一位偉人演講道：「當我們今天得以享受到充分的自由時，不要忘了獨立宣言，雖然那沒有幾句話，卻是二百多年來所給予我們每個人的保障。同樣地，當我們這些年來致力於種族平等時，不要忘了那也是因為某些字眼的組合而激發出來的行動所致，請問誰能忘記美國金恩博士打動人心的那一次演講。他說道：『我有一個夢，期望有一天這個國家能真的站立起來，信守她立國的原則和精神……』」

當然，話語的影響力並不只限於美國，第二次世界大戰期間，英國正處於風雨飄搖之

誤會，往往是因為說出來的話，引起了別人的誤解才造成的。所以，我們需要格外注意自己說話的技巧。

際，有一個人的話激起了英國全民抵抗納粹的決心，結果他們以無比的勇氣挺過了最艱苦的時刻，打破了希特勒部隊所向無敵的神話，那個人就是已故的英國政治家邱吉爾。

許多人都知道人類的歷史就是由那些具有威力的話所寫成的，然而卻鮮少有人知道那些偉人所擁有的語言力量其實也能夠在我們的身上找到。這能改變我們的情緒、振奮意志、乃至於有膽量，敢於面對一切的挑戰，使我們的人生過得豐豐富富。

生活中時時選擇使用積極性的字眼，最能振奮我們的情緒，反之，若是選擇使用了消極的字眼，必然地會很快使我們自暴自棄。遺憾的是我們經常不留意所使用的字眼，以致錯失唾手可得的大好機會。因此我們務必要重視使用字眼的重要性，這做起來並不難，只要你能聰明而用心地選擇便行了。

我們在跟別人說話時常常用字十分謹慎，然而卻不留意自己習慣用的字眼，殊不知我們所使用的字眼會深深影響我們的情緒，也會影響我們的感受。因此，如果我們不能好好掌握怎樣用字，如果我們隨著以往的習慣繼續不加選擇地用字，很可能就會扭曲所經歷的事實。譬如說當你要形容一件很了不起的成就時，用的字眼是「不錯的」成就，那對你的情緒就很難造成興奮的感覺。這全是因為你用了具有侷限性的字眼所致。一個人若是只擁有有限的辭

彙，那麼他就只能體驗有限的情緒。反之，若是他擁有豐富的辭彙，那就有如手中握著一個可以調出多種顏色的調色盤，可以盡情來揮灑你的人生經驗，不僅為別人，更可以為自己。

在此我們再舉一個著名的例子，那是發生於一家全國性的卡車服務公司，只不過改了一個字眼就大大地提升了他們的工作品質。那家公司的管理階層發現他們所送的貨物中有萬分之六會送錯地方，這使得公司每年得額外賠上二十五萬美元的損失，為此公司特別聘請了戴明博士去給他們診療一番。根據戴明博士的觀察，發現這些送錯的案子中有五成六是因為該公司的司機看錯送貨契約所致。為了能一勞永逸地消除這樣的錯誤，而使該公司能做好服務品質，戴明博士建議最好把這些工人或司機的頭銜改為技術員。

一開始公司覺得戴明博士的建議有些奇怪，難道把職位頭銜改一改就能把問題解決？難道就做這麼一個簡單的動作便可以了？可是沒有多久績效就出現了，當那些司機的頭銜改為技術員之後不到三十天，先前萬分之六的送錯率一下子便下降到了萬分之一以下，也就是說從此那家公司一年可以節省二十五萬美元。

這個例子說明了一個基本的事實，字眼的轉換不管是用在個人身上或企業整體上都有相同的效果。

誤會，往往是因為說出來的話，引起了別人的誤解才造成的。所以，我們需要格外注意自己說話的技巧。

3. 注意聲調和表情：對外的溝通，是使你的理想被接受，或獲得你所想要的東西的一種力量，為的是要影響他人，能夠不產生誤解，準確地得到你所提供給他們的資訊，接受你的見解。理想要被別人接受才能實現，否則很難達成。美國有一句名言：「你想改變世界，得先改變自己。」這不是要去討好人家，而是要能接受改變，才有辦法適應，進而改變世界。

在對外溝通上，大家可能認為沒有問題。事實上，溝通並不簡單，像許多的勞資糾紛、政府政策無法推行……都是溝通不良產生誤解所造成的。

其實很多人講話，內容不是很重要，根據行為學家所做的實驗統計指出，內容的重要性只占百分之七，聲調、表情占百分之三十，身體語言占了百分之五十五。

形象生動的語言把無形變成有形，把概括變成具體，把枯燥變成生動，大大吸引了聽眾的注意力。形象化的語言讓聽眾的視覺、聽覺、嗅覺、味覺都一起參加接收活動，大大增強了語言的感染力。此外，它也是構成其他語言風格的基本手段。

語言形象生動須做到如下幾點：

①選用有色彩、有形象的語詞：色彩詞和形象詞可將聽覺形象轉化為視覺形象，而視覺

形象留給人的印象往往比聽覺形象留下的印象更深刻。

②運用各種修辭手法，如比喻、擬人、誇張等：這些修辭手法可以淺顯通俗的事物或道理來說明比較複雜、抽象的事物或深奧難懂的道理。

③要注意寓理於事，將深刻的道理寓於具體事實之中：那種乾巴巴的說教，往往使聽者乏味。要學會善於運用生動典型的事例闡明事理，增強語言的魅力。

清楚地表達你的想法

1. **講話的快慢要適度，音量要適中：**在與人交談溝通過程中，首先要留意自己說話是不是太快了？如果說話太快導致字音不清，就會使人聽了等於沒聽。即使快而清楚，也不足以效仿。說話的目的在於使人全部明瞭，別人聽不清，聽不懂，就是浪費時間。所以我們要訓練自己，講話的聲音要清楚，快慢要合度。說一句，人家就要聽懂一句，不必再問。要清楚，陌生人或地位比你低的人是不敢一再請你重說的。

其次，說話的聲音不要太大聲。在火車裡，飛機上，或者是在有嚴重雜訊干擾的地方，提高聲音說話是不得已的。但是平時就不必要也不能太大聲，尤其是在公共場所或在會客室裡，過高的聲音會使對方感到不舒服。

說話雖不能太快也不能太大聲，但在談話中，每句話聲調也該有高有低，有快有慢。說話有節奏，快慢合適，這可使你的談話充滿情感。你可留心那些使人聽而忘倦的人的說話方法，留心舞臺上的名角念詞的方法。

2.要揣摩如何用詞，說話越簡練越好：有些人在 述一件事情時，拚命說許多話，還是無法把他的意見表達出來，結果對方費了很多時間與精力，卻抓不到他話中的意思，造成了誤解。所以，話未說出時，應先在腦裡打好一個草稿，擬幾個重點。

溝通，是人與人之間特有的聯繫方式，而企業與外部環境的溝通，是人與人之間關係的一種放大。管理溝通既是一門技術，又是一門藝術，它有特定的規律和技巧。學習和掌握這些技巧，不僅會使人工作心情舒暢，而且會使人人緣極好，生活美滿。對公司來說，有效的內外溝通是確立良好的社會形象，是獲取成功的秘訣之一。

良好的溝通能力，從某種意義上講可能比知識水準、分析能力和智商更為重要，良好的

溝通，應注意以下幾點：

①你必須機靈一點，創意要能提起人的興趣。如果你總是向老闆嘮叨一些婆婆媽媽的瑣事，你的前途就無望了。

②與人溝通必須帶有自信，不說廢話才是懂得溝通的幹練之才。

③輕鬆瀟灑的態度對於溝通的成功至為重要。你如果過於緊張，別人看了也會難受。

④說話者誠實的態度會帶給對方一個好印象。因為世上說謊行騙的人太多了，誠實一定會有助於你的成功。

⑤對方的興趣所在是關心的焦點，因此，對於對方的好惡要敏感。

⑥保持適當的幽默感。

⑦不要讓情緒左右了訊息的傳遞，也不要自己心裡不同意對方的話，或是另有看法，就打斷別人的話。傾聽並不等於完全同意對方，它只是一個「聽」的動作。

⑧不要遽下結論。未經仔細考慮而下的結論，即使當時雙方都很滿意，日後也有可能造成麻煩。例如，太快決定雇用某人，很可能造成日後各方時間、金錢及精力的浪費。

⑨決定你反應的方式。除非確定對方的話已經快要講完了，否則不要太早下結論。

第一個反應一定要對於對方做正面肯定的回答，就算你完全不同意對方的觀點，至少感謝他願意花時間和你一談。

問話的九種技巧

生活中的問話有三種機能：釋疑、啟發及打破談話的僵局。學會問話的技巧，對於解除誤會有極大的幫助。

問話要講究技巧。高明的問話不但能使你避免誤解、達到目的，而且被問的一方也不會發生誤會。下面是幾種常見的問話形式和方法。

1. **直接型提問**：提問，需要考慮環境及時機。提問者要根據不同的環境和時間使用不同的提問方式，有時需要委婉，有時需要直接。直接型提問則屬後者。當我們需要對方毫不含糊地做出明確答覆時，直接型提問是一種較理想的方式。一般說來，生活中常見於父母對孩子的責問，上司對下屬工作的詢問。如果交談者雙方關係比較密切而所提問題又不

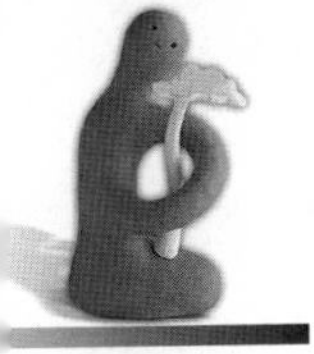

會引起不愉快的後果時，也可以採用這種方式。

直接型提問直來直往，速戰速決，節省時間。但一定要注意場合和時機，否則就會事與願違。

2.誘導型提問：直截了當地提問，是要求直接求得答案。但也有一種情況，回答者出於知識水準或因與個人利益有利害關係，不急於直答。這時你可以採用誘導型的提問方式。這種發問方式不是為了要替自己解疑而問，而是為了緊緊吸引對方思考自己的論題，誘導對方接受自己的觀點，所故意向對方提問的方式。它具有扣人心弦，誘敵深入，以柔制剛，扼喉撫背的效果。

3.啟示型提問：這種提問方式重在啟示。要想告訴對方一個道理，但又不能直說，那麼透過提問引起對方思考，直至明白某個道理。

老師在批評學生的時候，在指出對方的錯誤行為之後，常常會接著問：「你覺得這樣做對嗎？」就是一種啟示型提問，此外還可以採用聲東擊西，欲擒故縱，先虛後實，借古喻今等等提問方法。

4.選擇性提問：提問不同於質問，其目的不是在難倒對方。在日常生活中，許多問話不只是徵求對方的意見，統一對某個問題的看法。這種情形向對方問話時，我們可以採用選擇性的提問方式。選擇性提問容易造成一個友好的談話氛圍。被提問者可以根據本人的意願，自由地選擇答案。比如：炎熱的夏天，你家來了客人，你想給他弄點東西解渴，但又不知道他喜歡什麼，你可以這樣問他：「你是要茶還是咖啡，或是西瓜？」這樣，客人選擇他自己喜歡的東西，增添了友好的氣氛。

5.攻擊性提問：發問要考慮對象，尤其是被提問者與自己的利害關係。如果對方是自己的不友好者或是競爭對手，這時候提問的目的只是為了直接擊敗對手，你不妨可以採用具有攻擊性的提問方式。雷根與卡特在競選美國總統時有一段精彩論辯。當時，雷根向卡特挑戰性地提出了這樣的問題：「每一個公民在投票前都應該好好想一想這樣幾個問題：你的生活是不是比四年前改善了？美國在國際上是不是比四年前更受尊重了？」雷根的提問猶如一枚重炮彈，極富攻擊性，在美國選民中激起了巨大波濤。結果在論辯之後，民意測驗表明：支持雷根的人顯著上升。攻擊性問話的直接目的是擊敗對手，故而要求這種問話時要具有幹練、明瞭、利己和擊中要害等特點。

6.迂迴曲折地提問：義大利知名女記者奧里亞娜・法拉奇以其對採訪對象挑戰性的提問和尖

銳、潑辣的言辭而著稱於新聞界，有人將她這種風格獨特、富有進攻性的採訪方式稱為「海盜式」採訪。迂迴曲折的提問方式，是她取勝的法寶之一。

在採訪越南總理阮文紹時，她想獲取他對外界評論他「是越南最腐敗的人」的意見。若直接提問，阮文紹肯定會矢口否認。法拉奇將這個問題分解為兩個有內在聯繫的小問題，曲折地達到了採訪目的。她先問：「您出身十分貧窮，對嗎？」阮文紹聽後，動情地描述小時候他家庭的艱難處境。得到關於上面問題的肯定回答後，法拉奇接著問：「今天，您富裕至極，在瑞士、倫敦、巴黎和澳大利亞有銀行存款和房子，對嗎？」阮文紹雖然否認了，但為了洗清這一「傳言」，他不得不詳細地道出他的「少許」家產。阮文紹是如人所言那般富裕、腐敗，還是如他所言並不奢華，已昭然若揭，讀者自然也會從他所羅列的財產「清單」中得出自己的判斷。

她在採訪中國前領導人鄧小平時，曾提出一個問題：「天安門上保留下來的毛澤東相片，是否要永遠保留下去？」看上去平常、微不足道，但實際上包含著豐富深刻的涵義，目的在於想知道鄧小平對毛澤東、毛澤東思想的評價、認識及其今後在中國的地位。

阿里・布托是巴基斯坦總統，西方評論界認為他專橫、殘暴。法拉奇在採訪中，不是直接問他：「總統先生，據說您是個法西斯分子」，而是將這個問題轉化為：「總統先生，據

誤會，往往是因為說出來的話，引起了別人的誤解才造成的。所以，我們需要格外注意自己說話的技巧。

說您是有關墨索里尼、希特勒和拿破崙的書籍的忠實讀者。」從實質上講，這個問題同「您是個法西斯分子」所包含的意思是一樣的，轉化了角度和說法的提問，往往會使採訪對象放鬆警惕，說出心中真實的想法。它看上去無足輕重，但卻尖銳、深刻。

7.以「如果」提問：首先我們要養成習慣，用「如果」開頭引導的問句問對方能夠得到更好的結果的話，就要避免簡單用「是的」來回答對方的提問。比如說，你給顧客介紹一種產品。顧客問：「能做成綠色嗎？」你知道能，但是你不說「能」，你反而問：「你喜歡做成綠色的？」顧客通常會回答說：「是的。」而後你再問：「如果我給你找一件綠色的，你會買嗎？」

「如果」引導的問句把問題又還給了對方。一位代表就是用這種方法從業務經理升到業務主任的。他問總經理怎麼做才能被提升為業務主任。然後他用「如果」提問方法，在一定的時間期限內完成所交派的任務，因此獲得提升。

用「如果」這樣的句型能產生所希望的結果，我們應養成習慣多用，而不要總以「是的」來簡單回答了事。我們可以用做遊戲的方式來練習，直到成為自然而然的反應。例如：當家裡人請你倒杯咖啡時，你不要說「是的」，而要問「你想喝杯咖啡嗎？」他們總是會說

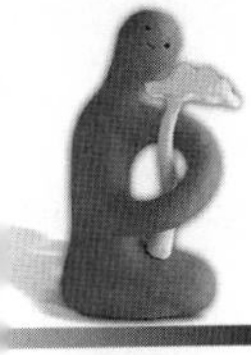

「是的」。而後你再說「如果我給你倒咖啡，你能……」你可以提出任何要求作為倒咖啡的條件。

8.「足夠」提問：問句中用「足夠」這個詞非常有效，可以得到對方的同意。

例如：「你覺得下星期一開始就夠快的吧？」回答意味著我們下星期一開始。也就是說這個回答並不意味著我們要開始，而是要在下星期一才開始。

「你覺得一台電腦夠了嗎？」回答說「夠了」是意味著一台電腦能滿足我們的需要了。對方若是回答說「不夠」，那麼就是意味著還要增加！

這僅僅是最簡單的方法，只需稍稍練習就能掌握。

9.針對次要方面提問：我們如果對一個想法中的次要內容徵求他人同意的話，那麼也就得到包括對主要內容的同意。例如：「有了新的電腦系統後我們應該配備第二台印表機了吧？」同意配備第二台印表機的人一定在原則上已同意購買新電腦了。

處理不同意見的四種方式

不同的意見和見解往往會造成雙方的誤解，如何靈活處理就需要你的技巧了。處理不同意見和見解異議有以下四種基本方式：

1.不處理：我知道這種建議聽起來好像很奇怪，但是我覺得有時候某些異議可以置之不理。比如，你在介紹計畫時有人會說「聽起來實施這個計畫會很複雜」。對此，你的反應可以僅僅是一個會意的微笑，然後繼續講下去，不再理會。

在促銷會上，有人可能會說「聽起來會很花錢的」，對此你可以說「對」，然後繼續解釋你的計畫，介紹從中得到的好處如何會大大地超出所需的投資。

我們在採取不理會的方法時應非常謹慎。如果這些異議對提問人來說真是問題的話，那麼他會始終記著的，等你講完後他還會提出來，這期間你說的什麼他幾乎都聽不進去。

2.一段時間後再處理：我們可以這樣說：「說得好，一會兒我會講到這個問題。」或者「我準備在講投資部分時談談這個問題。我把它留到那時再講，好嗎？」

另外，還必須注意對方的身體語言和表情，確信他暫時已不會再糾纏這個問題，而且明白你會在後面講解的。絕不能讓他有這樣的感覺，認為你說後面再講僅僅是希望大家會忘記這個問題。

3. 立刻處理：通常情況下最好的方法是立刻就處理異議，當然這樣做會打斷你的發言或思路。你可以說：「這是一個很好的問題，很高興你能把它提出來。現在我們一起看看是怎麼回事。」「你說這個計畫可能難以落實，能否再詳細說說你的觀點，讓我能完全明白你的意思？」你從這個問題的答覆中能更好地理解對方是怎麼看待這個問題的。等他答覆後你可以說：「要是我理解得對的話……」針對他提出的異議，你重新措詞解釋來肯定你的計畫。

4. 提出之前就處理：對付潛在問題，這是最有力的方法，能產生良好的作用。第一，這表明你為會議做了很好的準備，對提出的計畫，你一定考慮了他人會怎麼說。第二，你能把解答問題與你發言的內容巧妙地融合在一起，根據自己的時間表妥善處理各種異議。第三，你用自己的語言解釋問題，而不用被動地等待他人的提問。第四，你顯然是一點兒也不擔心會有異議，否則，你是不會自己提出來的。

你會這樣說：「現在有些人會說這個計畫可能難以落實，他們說得也許有點道理，但是呢……」接著解釋計畫將會如何容易地被落實完成。

誤會，往往是因為說出來的話，引起了別人的誤解才造成的。所以，我們需要格外注意自己說話的技巧。

「有些人會認為太貴了，但是我已經查核了所有必需的支出，平均下來每月只需一萬八千元。而這項投資每月能產生六萬七千元的收益。這是一項不錯的投資，你們不會不同意吧？」問題在提出前就解決了，這是最有效的方法。

談心消除誤會

1.明確目標，有所準備： 談心與聊天不同，聊天的話題廣泛，隨聊隨換；而談心則是指針對一定的心理、思想的分歧而進行的。要取得成功，必須有明確目標，有所準備。

明確目標主要指談心後要達到的結果。比如兩人之間有看法，互不服氣，以至於影響到工作上的合作。談心之前要明確，目的是讓對方更多地瞭解自己，摒棄前嫌，攜手共進。

有所準備是指在談心前精心構想交談用語、談話內容及談話進程，怎樣開始，說些什麼，何時結束，都進行充分準備，以免談起來零亂分散，甚至言不及義，影響表達效果。

有所準備還包括預設談話內容中對可能出現的各種情況的處理方法。有了這些準備，談心活動就不會演變成爭吵或僵持不下，就能根據對方的反應調整交談方式，確保交談目的的實現。

2. **切入正題之前先進行暖場：**談心開始時見面的話語是最難構想的。這時，可以讓表情來替代，一個真誠自然的微笑，表明你與對方談心的態度是誠實的。首先在情感上就給對方很大的影響，然後再來上一兩句寒暄話，進一步表明你的友好態度和誠意。這樣的「開場白」有利於氣氛的緩和，有利於談話的繼續進行。

開場白過後，應很快地切入主題，譬如消除某個誤會，說明某種情況等。因為這時雙方的關係只是表面上禮貌性的和緩，若過多地拉七扯八的內容會引起對方的反感，同時也會暴露你的弱點。直接切入正題，讓雙方就一個問題展開對話，進行溝通，儘快消除分歧，澄清誤會，說明情況，以便達成共識。

3. **語言誠懇，感情真摯：**談心是要向交談對象闡述自己的某種觀點或見解，而不是加深矛盾。因此要以誠懇之心來遣詞造句，選用柔性的，不帶有強烈刺激性的詞語，減少對方的反感和受刺激的心理效應，讓這樣的話語傳達出你希望盡釋前嫌的誠意。

在整個談心過程中，對個性極強、難以理喻的談心對象，要把握其特點，除了使用能闡明觀點的話語外，更要以情動人，多使用具有情感交流作用的詞語來製造氣氛，溝通心靈，理順情緒。如有兩位老同事，多年前因工作造成意見分歧，相互不理睬。其中一位上門化解多次，但對方態度強硬，拒不接受。又再去拜訪了，說了這樣的話：「我今年已經六十歲了，你比我大，該有六十二了吧？咱們都是過了大半輩子的人了，還有幾年好活的呢？我真不希望咱們到了另一個世界還是死對頭。」從人生無多的這個老年人易動情的話語下手，進而使對方產生情感共鳴，終於消除了隔閡。

4. 注意語氣、聲調和節奏：談心時，如果語氣、聲調和節奏運用不當，也會影響到說話水準以及最終結果。

談心時，語氣要和緩和委婉，不能聲色俱厲，咄咄逼人。和緩委婉的語氣能沖淡對方的敵對心理，給對方一種信任感、誠實感，不致於造成雙方心理上的壓抑，激化矛盾。語氣往往體現在說話的表現方式上，追問、反問、否定往往使語氣顯得生硬、激烈，易引起對方反感；而回顧、商榷、引導、模糊等往往能製造平淡和諧的談話氣氛，有利於減輕壓力，闡明事實、表明觀點看法。

聲調在談心的效果上也有重要作用。當一個人心存怒氣時，說話的聲調無疑會上揚，形

誤會，往往是因為說出來的話，引起了別人的誤解才造成的。所以，我們需要格外注意自己說話的技巧。

成一種尖銳沒有耐心的音調。這種尖銳沒有耐心的音調有很強的傳染性，會使對方馬上也像受傳染一樣針鋒相對，大聲對大聲，尖銳對尖銳，那就只會使事態擴大，矛盾加深。

語言的節奏有緩有急，有快有慢。使用快節奏講話往往會使你顯得心急，情緒不穩，容易激動發火，不利於交談對方的思考和應對，顯得沒有誠意；節奏太遲太緩，顯得缺乏生氣，沒有信心，影響談話效果；節奏適當，才顯自然、自信、有力，易於從心理上影響對方，產生良好的心理效應。

改變你的表達方式

小萍有個朋友不斷向她借東西，但從不歸還。小萍鼓不起勇氣向她追討。她的解釋是：「如果我去質問她，就會傷害她的感情，而她又是我很要好的朋友。」

麗婷在工作單位裡有個能言善辯的同事，三番五次地說服麗婷替他做一部分工作。麗婷一向把自己視作願意為別人幫忙的好好女士，可是她也知道自己的好心只是使那個同事騰出點時間去進行交際應酬。麗婷的解釋是：「老是找不到適當時機和場合來提起這個問題。」

安對她的兩個孩子所要求的任何事情，不論是購買新玩具，遲遲不上床睡覺，或是不做作業而看電視，差不多全都答應。安的解釋是：「他們只是孩子，滿足其要求會使他們快樂。」

像小萍、麗婷和安這樣的人，往往為了想讓別人贊許而犧牲了他們的自尊。他們簡直就不知道怎樣拒絕別人——而正因為這樣，他們吃虧不少。

在理想中，人際關係都應該以彼此間的真誠尊重、暢順溝通和關懷體諒為基礎。可惜的是，實際情形並非如此。有些人常常對別人步步進逼，不斷地提出請求、索取和進行試探，直到遇到對方抗拒為止。而許多人，儘管自己有足夠的權利和理由，卻不肯抗拒這些試探，事後卻找出種種理由來解釋他們何以永遠被欺侮。

如果你認為你也像小萍、麗婷或安一樣，那麼，你就必須學會利用一些方法來表明你的感受和希望，保護你人格的完整和獲得別人的尊重。

1. 改變不適當的溝通方式：

①不要給別人一個現成的託辭：例如：「近來你天天遲到，不過，我知道你不是一個早

起的人，要那麼早就開始工作是很難的。」如果你給了對方一個藉口，他便會認為你可以容忍他的所作所為，從此他遲到。同時他還認為你是個軟弱無能、不願貫徹意旨的人。

②提出合理要求時不要表示歉意：例如：媽媽厲聲叫兒子打掃他的房間，但三個鐘頭後卻對兒子說：「孩子，我剛才不應該粗聲對你說話。你知道嗎？我不是生氣。因為，我知道你一定會自動清理你的房間的。」做完一件事之後表示的歉意，通常是心有內疚或憂慮的結果。用這樣的方式來取消一個堅強的聲明，會使你喪失自尊。

③不要過分寬限你分派的任務：例如：「我真的要在星期五看到那份報告，不過我可以等到下星期。假如事情順利的話，也許再遲一點也無妨。」請刪去那些「假如」和「不過」之類的字眼吧。一項清楚說明你希望那份報告什麼時候完成的直截了當的聲明，既能防止誤解，又可以使報告更有可能及時交卷。

④不要把責任推給別人：例如：「老闆說你應該……」或是「你爸爸說你必須……」之類的說法，雖然可使說話的人不負責任，但卻使他變成了一個毫無實權的傳話者。假如你一開始就說「我要你做……」，人們就會把你看作是一個堅強的人。

2. 採用更為有力的辦法：

①要直截了當：把你的期望說得清清楚楚。消極的人常常以為，他們就是不吩咐，別人也會知道該怎麼做，如此一來，往往會引起許多不必要的問題。

②要考慮透徹：說明問題之前，腦子裡先要有個概念。事先把事情想通想透，你才能陳述得合情合理。

③碰到問題立刻解決：躲避問題只會使問題更趨嚴重和更難解決。如果一開始對於較小的問題及早處理，那無異是一開頭就說明了你的期望，而別人也就能確實知道你的看法。

④小心選擇要對付的問題：剛開始學習維護自己權利的人對於事情的處理常會做得過火，若是在同一時間內對付太多問題，往往會弄得焦頭爛額。因此如果能適當選擇問題，你便更能控制局面，取得較大的成功機會。

⑤表現自己時不可憤怒：如果你只在怒不可遏的時候表現自己，那表示你是軟弱的。假如你不能平心靜氣地表現自己，你對於別人說的話的反應便可能過於激動。況且，當你大發脾氣的時候，別人很可能會為自己辯護。這樣，真正的問題通常便解決不了。同樣的道理，如果別人聽了你的說話之後產生過分激動的反應，你也不可感到憤怒。你的毫不動氣，可以

在相形之下顯示出對方的態度很不成熟，而且，你的鎮定通常還能使他冷靜下來。

⑥利用自己的地盤：球隊在本地和外地球隊比賽時，常較易獲勝。相同的，維護自己的權利也是一樣的道理。在一位同事的辦公室或他的家裡和他對抗，往往會處於下風。因此，在可能範圍內，最好在你自己的「地盤」上堅持你的意見，這樣你便可以佔到不少微妙的便宜。

⑦利用非語言的暗示：說話時眼睛要與對方保持接觸。不要反覆不斷地說明你的理由，而是要用停頓來加強效果，用適當而非挑釁性的手勢來強調你的論點。

⑧不要虛張聲勢：你在虛張聲勢的時候，即使再年幼的孩子也知道。要建立你的威信，就必須說明你的合理期望，以及說明如果這些期望不能達到時會產生什麼後果，然後貫徹到底。要贏得別人對你的尊重，只有讓他們確實知道你言出必行。

在說話時儘量避免被人誤解

1. 坦然面對遭人誤解和懷疑的情況：懷疑，疑惑或猜測。一個普普通通的詞語，雖非令人望而生畏，卻也常常搞得您心神不安。被人懷疑是一件很痛苦的事。誰都曾經懷疑過別人，也被人產生過懷疑，其中的酸甜苦辣無不一一品嚐過。但是唯有真正具備機智應對功夫的人，面對別人的懷疑才能處理得非常好。

正如前面所介紹的，人與人之間之所以會產生懷疑，原因是多方面的。有的由於一時的誤解，缺乏溝通與解釋，進而形成了對某件事情的疑點；有的由於性格脾氣的差異，缺乏彼此之間的包容與互信，逐漸引發了對對方的不信任情緒；有的由於嫉妒心的纏繞，由此而產生了對朋友的疏遠甚至惡意；有的由於心胸狹小，為人疑神疑鬼，處事患得患失，對人產生懷疑那是很自然的事；有的更由於心理變態，而又缺乏及時的診斷與治療，因此，對反感的人和事，均投以疑慮的目光；有的則由於自命清高，唯我獨尊，缺乏自知之明，對周圍的人和事總覺得不可思議。誠然，懷疑也有其另一面，並非都是貶的意思。

如果說人與人之間在社會生活中容易產生懷疑是一件不可以完全避免的事情，那麼，您面對客觀存在著的這一現象，既不應當迴避它、懼怕它，也不應當視而不見，聽而不聞。正確的態度是要承認它、認識它，科學地對待它。

①「不做虧心事，夜半不怕鬼敲門」：去掉自己的一份疑心，被人懷疑的事情也許就會

減少一些。

②要儘量避免他人對您產生疑心：面對懷疑的挑戰，你既應當有隨時接受懷疑挑戰的心理準備，又要有防患於未然的強烈心理意識，即儘量減少被人懷疑的契機。主動說明情況，最好能用事實回答。

③用真誠去換取信任，切莫犯「以毒攻毒」的錯誤：人與人之間相處，莫過於真誠的可貴。有了真誠就能贏得信任。如果您對別人的懷疑也採取懷疑的態度，以疑對疑，雪上加霜，那麼，懷疑非但不能消除，還會產生新的不信任情緒。

2.說話時儘量避免被別人誤解：在日常交往中，經常有自己說的話被別人誤解的時候。那麼怎樣才能使自己的話不被別人誤解呢？

①不要隨意省略主詞：從現代語法看，在一些特殊的語境中，是可以省略主詞的。但這必須是在交談雙方都明白的基礎上，否則隨意省略主詞，容易造成誤解。

一個星期天的上午，在一家店裡，志祥正在急急忙忙挑帽子，銷售員拿了一頂給他。他試了試說：「大，大。」

銷售員一連給他換了四、五種尺寸的帽子，他都嚷著：「大，大。」

銷售員仔細一看，生氣了：「分明是小，你為什麼還說大？」

這青年結結巴巴地說：「頭，頭，我說的是我的頭大。」

銷售員狠狠地瞪了他一眼，旁邊的顧客「噗哧」一聲笑了。造成這種狼狽結局的原因就是志祥省略了他陳述的主語：「頭」。

②要注意同音詞的使用：同音詞就是語音相同而意義不同的詞。在口語表達中脫離了字形，所以同音詞用得不當，就很容易產生誤解。如「期終考試」就容易誤解為「期中考試」，所以在這時不如把「期終」改為「期末」，就不會造成誤解。

③少用文言文和方言的詞彙：在與人交談中，除非有特殊需要，一般不要用文言文，文言文的過多使用，容易造成對方的誤解，不利於感情的交流和思想的表達。

有這樣一個例子：慶昌年過三十仍沒娶妻，他母親非常著急。後來別人給他介紹了一位小姐，幾天後，他寫信告訴母親：「女方爽約。」母親非常高興，認為約會是爽快的，逢人就講兒子有對象了。一年後母親要求見見相親的小姐，兒子才把「爽約」解釋清楚。母親連連責怪兒子話沒說清楚，耽誤了時間，慶昌也後悔莫及。如果慶昌當初把「爽」字改為「失」字，或許早就有妻室了。

誤會，往往是因為說出來的話，引起了別人的誤解才造成的。所以，我們需要格外注意自己說話的技巧。

④說話時要注意適當的停頓：文章或書信借助標點符號把句子斷開，以便使內容更加具體、準確。但在口語中我們常常借助的是停頓，有效地運用停頓可以使你的話明白、動聽，減少誤解。有些人說起話來像機關槍，特別是在激動的時候就不注意停頓了。有一次下班途中，明儒遇到一群剛看完電視球賽的學生，就問：「這場比賽誰贏了？」

有一個學生興奮地說：「台灣打敗日本隊獲得冠軍。」

明儒迷惑了：到底是台灣打敗了日本隊，還是日本隊獲得了冠軍呢？他又問了另一位學生，才知道是台灣勝了。所以，我們在與人交談時，一定要注意語句的停頓，使人明白、輕鬆地聽你談話。

3. 積極辯護：被上司批評或指責，雖然應該誠懇而虛心地聽取，但並非說你一定要忍氣吞聲，不管他說得對不對都要一股腦的接受，必要時應該勇於辯護，並且要作積極的辯護。

有些人面臨麻煩的事常用辯護來逃避責任，這就走到另一個極端了。這種推卸責任的辯護，偶一為之，無傷大雅，尚可原諒。倘若一犯再犯，肯定會失去別人對你的信任。有時候，做錯了事責任不會在下屬，大部分卻是由於上司的緣故，這時應大膽辯解了。不辯解，只會使上司對你的印象更加惡化，而絲毫不會考慮到也有自己的責任。

所以，工作中，同事之間，尤其是上司與下屬之間，由於地位不同，而發生意見相左的情況時，不要害怕會被認為是頂撞，應積極地說明理由，沉默不語只有可能會使問題更加複雜而難以化解。

辯解的困難點在於雙方都意氣用事，頭腦失去了冷靜。所以過於緊張和自責，反而會使場面更僵。因此遇到這類棘手的對立狀態時，更應該積極辯護，明確責任。其要點大概有以下幾點：

①不要畏懼：不必害怕聲色俱厲的上司，越是大聲的上司，往往心越軟。

②把握時機：尋找一個恰當的機會進行辯解也很重要。辯解應該越早越好。辯解越早，則越容易採取補救措施。否則，若是因為害怕上司責罵而遲遲不說明，越拖越誤事，上司只會更生氣而已。

③自我反省的事項要越簡單明瞭越好：不要悔恨不已，痛哭流涕，不成體統。越把自己說得無能，反而會增加上司對你的不滿。還是適當點一下比較好，但要點到本質上，說明自己對錯誤已經有了足夠的認識。

④辯護時別忘了站在對方的立場上講話：上司責備下屬，當然是出於自己的觀點。如果下屬不瞭解這一點，一味認為自己受了冤枉，因而站在自身的立場上拼命地替自己辯解，這樣只會越辯越使上司生氣。應該把眼光放高一點，站在對方的立場上來解釋這件事，則較容易被接受。

⑤辯解時需要注意：不管是何種情況，都不要加上「你居然這麼說……」任何人都有保護自己的本能，做錯事或和旁人意見相左時，便會積極地說明經過、背景、原因等。但在上司看來，這種人頑固不化，只是找理由為自己辯護罷了。

⑥道歉時需要注意：道歉時不要再加上「但是……」千萬不要說：「雖然那樣……，但是……」這種道歉的話，讓人聽起來覺得你好像是在強詞奪理，無理加三分。道歉時，只要說：「對不起！」不必再加上「但是……」如果面對的是性格坦率的上司，或許就可以化解彼此的距離。當然該說明的時候仍要有勇氣據理力爭，好讓上司瞭解自己的立場。

注意說話的禮節

1.**不要把別人當「機器人」**：心理學教授坎貝爾說：「我始終不明白，為什麼要有機器人這個說法。只要詞語中帶有人字，無疑意味著人為的提高物質的水準。我認為應該把機器人稱為機器鬼，這樣就不至於把機器和人攪和在一起。反正機器人這個說法令人覺得彆扭。」

不要以為他人是機器人，可以由你想怎樣操縱就怎樣操縱。只有學會尊重他人，意識到對方也擁有充分的潛能，能夠從他人的角度理解問題，才會有真正意義上的溝通。

永遠沒有完美的技巧，但經由技巧卻可能有完美的結果。這也是果實優於枝條的道理。

溝通是彼此的事，一個巴掌拍不響。當你運用技巧時，別人也會運用技巧。當然，溝通是有目標的，你可以使自己的願望處於優勢，並且盡可能達到這個對自己有利的結果。但這多少有些一廂情願，因為別人也運用技巧，彼此力量的消長有一個合適的中間點，那是雙方可以接受的結果。溝通能達到這個目的，雙方都應該滿意，雖然這個結果跟你渴望的結果有些差別，但也應該坦然接受。

2.**儘量多採用含蓄的暗示方法**：既然他人不是機器人，他人便理所當然地應該受到你的尊重。而尊重他人的妙招應該算是暗示吧？暗示就是為了保全他人自尊時採取一種比較含

> 誤會，往往是因為說出來的話，引起了別人的誤解才造成的。所以，我們需要格外注意自己說話的技巧。

蓄的不直接指責、指使他人的方法。也就是間接地讓人做出你希望他人做的事。

暗示可以成為他人行動的動力，他們在接受暗示時，已經感受到被尊重的意味，就會主動幫你達到你渴望的結果。暗示可以讓人心甘情願地和你溝通。

3.運用漂亮的語法：世上每一種語言都有其特殊的美，其中都有很漂亮的語法。溝通也是一種語言交流，漂亮語法的運用就很合適。

當然，漂亮語法絕不是指濫用形容詞之類的膚淺玩意兒。它的的確確是一種語法，它將各種詞語巧妙地運用，不僅僅限於形容詞。

「然後……」「這時……」等等語法可以給人流暢感，他人就容易順應你的思路，起承轉合之間，溝通已經趨向圓融。使用「因為……」「所以……」等等語法，則給人很講邏輯，很講道理的感覺，他人就會心服，誰願意跟一塌糊塗不講理的傢伙打交道呢？

語法是有玄機的，成功地運用玄機的語法都是漂亮的語法。在漂亮的語法當中，先尊重對方的態度，然後，說出自己的要求，只要語法得當，就算前後矛盾，對方也不會覺得受到傷害，可以接受你的觀點和建議，並願意合作。

4.轉移他人的觀點：在溝通時，接納對方的觀點，然後再削弱他人的觀點，是一個尊重他人的好辦法。生活中，每個人的觀點各種各樣，紛繁複雜地圍繞在你周圍。這些觀點有容易理解的，也有摸不著頭腦令人難以把握的。觀點是容易衝突的，人都不願意放棄自己的觀點。所以，溝通時不要破壞對方的觀點，只能悄無聲息地移轉他人的觀點，讓它靠近自己的人生觀。記住，是轉移，不是改變。

轉移他人的人生觀，可以採用遊戲性質的做法，讓別人感覺不到嚴肅的壓力，因為人生觀可是個嚴肅的大問題。而在遊戲中，人生觀若稍有移轉和變化，他人是不會覺察的。

5. **運用肢體語言進行暗示：**我們的身體是有語言的，我們的動作往往可以暴露我們的心情。同樣地，他人的動作也會洩密。所以，溝通中的人對他人的動作是很敏感的，你正好可以利用它。如果與人交談時，你做側頭深思的動作，你的肢體語言就告訴對方，這個問題你有疑問，這比直接給予打斷他人的語言更有效，不至於立刻和對方抵觸。他人一定會問：「有什麼不懂嗎？」這樣由他人自己中斷對話過程，可以有效地保證他人自尊心不受傷害。

如果想中斷談話，急於離開去做別的，你可以不停地偷看手錶。手錶有時候可能就是心理時間的外殼。他人會問：「有事嗎？你可以先走囉。」你就可以很有禮貌地全身而退。

肢體語言的運用，很講究空間。在寬敞的房間裡交談，彼此可以做到公平。但要達到親密關係的程度，還是狹窄房間為好。談話時中間不隔著桌子更容易融洽。距離上的靠近也會造成精神的靠近。肢體語言也可以保全自己的尊嚴。遲到時氣喘喘地表現著急趕來的樣子，他人則比較容易原諒你。

6.喬裝弱者：世上總有很多人喜歡表現自己的力量和能耐的，在他們眼中，他人總不如自己。這種人很可能令你討厭，但你可以利用他們，他們喜歡表現就給他們表現的機會嘛。最簡單的辦法就是，在他們面前故意表現得笨手笨腳，他們會哼著鼻孔走近說：「真是遜，讓我來！」於是，他們就自己動手做起來。這個方法兒童們都會用，何況成人。

最聰明的辦法是詢問，表現很虛心的樣子去求教，他人怎麼會不理睬，說不定一邊做一邊教你怎樣做呢。

7.注意談話時的禮節：適當的禮節，不僅對於人與人之間的交往是十分重要的，而且在談話中，它也起著不可忽視的作用。因此，一個有經驗的談話者總是保持著恰如其分的禮節。

誤會，往往是因為說出來的話，引起了別人的誤解才造成的。所以，我們需要格外注意自己說話的技巧。

①談話的表情要自然，語氣和氣親切，表達要得體：說話時可適當的做些手勢，但動作不要過大，不要手舞足蹈，更不要用手指指人。與人談話時，不宜與對方離得太遠，但也不要靠得太近，不要拉拉扯扯，拍拍打打。談話時記得千萬不要唾沫四濺，口沫橫飛。

②參與別人談話前要先打招呼，若別人在個別談話時，不要湊前旁聽：若有事想與某人說話，應等別人說完。有人與自己主動說話，則應樂於與其交談。當有第三者參與談話時，應以握手、點頭或微笑表示歡迎。發現有人欲與自己談話，可主動詢問。談話中遇有急事需要處理或要離開，應向談話對方打招呼，表示歉意。

③談話時不要冷落第三者：談話現場超過三人時，應不時地與在場的人都談幾句，不要只與一兩個人說話而不理會在場的其他人，也不要與別人只談兩個人知道的事情而冷落第三者。如果所談的問題不便讓旁人知道，則應另找場合。

④在交際場合，自己講話要給別人發表意見的機會，也應適時地發表個人看法：要善於聆聽對方談話，不輕易打斷別人的發言，一般不提與談話內容無關的問題。如對方談到一些不便談論的問題，不對此輕易表態，可轉移話題。在相互交談時，目光應注視對方，以示專心。對方發言時，不要左顧右盼，心不在焉，或者注視別處，顯出不耐煩的樣子，也不要老

看手錶，或做出伸懶腰，玩東西等漫不經心的動作。

⑤注意談話內容：儘量不要涉及疾病、死亡等事例，不談一些荒誕離奇、聳人聽聞或者黃色淫穢的事情。一般不要詢問婦女的年齡、婚姻狀況。所謂「見了男士不問錢，見了女士不問年」是也。也不要逕直詢問對方履歷、薪資收入、家庭財產、首飾價格等私人生活方面的問題。與婦女談話不要說她長得胖、身體壯、保養得好等語，對方不願回答的問題不要追問，也不要追根究柢。對方反感的問題應表示歉意，或立即轉移話題。

⑥男子一般不要打擾或參與婦女圈內的議論，也不要與婦女無休止地攀談而引起旁人的反感側目：與婦女談話更要謙讓、謹慎，不與之開有傷大雅的玩笑。爭論問題要有節制。

⑦注意語言禮貌：談話中要使用禮貌語言，如：你好，請，謝謝，對不起，再見……等等。在社交場合中談話，一般不過多糾纏，不高聲辯論，更不能惡語傷人，出言不遜。即使爭吵起來，也不要斥責，不譏諷辱罵，最後還要握手而別。

交心——別讓誤會成為拓展人脈的絆腳石

第四章・多聽少誤會

仔細聆聽對方的話，可以更加準確地捕捉對方的想法和意圖，這樣，就會在很大程度上避免誤會的產生。

> 仔細聆聽對方的話，可以準確地捕捉想法和意圖，這樣，就會在很大程度上避免誤會的產生。

能力在傾聽中提高

技巧高超的傾聽能力在化解誤會時，是一項非常重要的能力。通常這個人表現得很難打交道時，是要傳達出他內心的某種意思。你必須做到和他的感受同步，能理解到他要表達給你的意思。如果你在和一個正在抱怨、難纏的顧客打交道，對你來講是很難控制住他的衝動怒氣的，而只得耐下性子去聽他發牢騷。

通常一般職員的反應就是沒有耐心去聽顧客的那些亂七八糟的惡言穢語，而表現得十分不耐煩。如果你發現自己也正在這樣做，沒有耐心聽別人所說的話——這時就會使事情變得更糟。

顧客只是想讓某個人能聽到他的抱怨。他們只是想讓別人聽聽他們的申訴，瞭解他們的感受，而有可能還不需要你做出任何的彌補。因此具有良好的傾聽能力是十分需要的。也許你最終並不能對他們有所幫助，但是你對他們所遇到的問題適當地表現出有禮貌的善意和關切，顧客就知道這時他們是真正地被你關心了。

如果他們這時感覺不到關心，你又不能表現出傾聽他們抱怨的姿態，結果你會令他們更沮喪，他們有可能會更進一步地跟你大吵大鬧，更加激烈地斥責你和你所服務的公司。

下一次當需要你傾聽時，你檢查一下自己是否：

①與說話者沒有眼神的交流。

②不時地打斷顧客。

③幫他們說完還沒說到的話。

④眼睛平視，視線在他們的肩膀之上遠方的某處。

⑤邀請其他人加入你們的談話。

⑥當他們說話時，你正在心裡算計著下了班後該採購點什麼。

⑦一邊趴在桌上寫自己的報告，一邊還跟他們說「我正在聆聽你的意見」。

如果你對上述問題之一的回答是「是」的話，那麼你就需要好好檢查一下自己的傾聽能力了。因為你不夠高超的傾聽能力會妨礙了你與顧客的有效溝通。良好的傾聽能力的四個要素分別是：

①聽到資訊——首先是真正地聽到了說話者所說的話。

仔細聆聽對方的話，可以準確地捕捉想法和意圖，這樣，就會在很大程度上避免誤會的產生。

②分析資訊——將說話者的肢體語言、說話的語調加以綜合考慮，分析他們要表達的意思。

③評估資訊——在內心中做出一個評判，看說話者真正想要傳達的意思是什麼。

④做出反應——對資訊做出一個有意義的反應，也就是給說話者提供一些有益的建議。

⑤傾聽的能力不僅只依賴於你的聽覺器官——耳朵，而且依賴於你的眼睛所看到並傳遞到大腦中的視覺資訊。接著大腦就會透過對肢體語言的分析和對說話者的語調分析，加上實際上所聽到的任何資訊，來證實自己的判斷是否準確。

同樣的，你在說話時，你的肢體語言所傳達出的意思與你嘴上所說的不一樣，肢體語言也許就會洩露出你正在撒謊。人的大腦對於肢體語言是相當敏感的。麥赫拉邊強調的關於面對面交流的重要性的理論指出，人類在傳遞資訊時使用的幾種方式所佔的比重分別為：

百分之七——實際上所說的話

百分之三十八——語調、重音、語速和音質

百分之五十五——肢體語言

這些發現對於如何與難纏的人打交道具有重大的意義。因為，突然你發現並認識到，溝通變成了不只是要對他們所說的做出反應，而且要注意他們的語調和肢體語言——並保證自己的「言」與「行」一致，即我們說話的內容與我們的肢體語言所傳達出來的意思是一致的，至少也不能是相反的意思，也就是說話是強調這個意思，肢體表現出的卻是那個意思。

鍛煉你的應對能力，正如其他所有的能力一樣，與難纏的人相處也需要多加練習。在什麼樣的場合使用什麼樣的手段，你練習越多，你的反應就會越自然越有效。

很自然的，你的同事會注意到這一點，而他們的反應也會不同。如果他們對你比較友好，他們會想知道你如何可以與人相處得如此得心應手，在這種情況下你就可以給他們一些指點。但是，他們也許會成為你的肉中刺，讓你不好過。如果是這種情況，他們也許不得不羡慕你，但又同時對你產生一些嫉恨，一旦逮到機會就會藉機發洩。這時你要相信自己有能力戰勝他們，不會被他們踩在腳底下，受人欺負。你不要接受與自己不相干的錯誤和指責，即使你願意負責把事情平息下來。

要記住：你不可能對所有的局面都掌控自如，但是你應隨時有所準備，一旦有情況發生就可以應對。這種本事不是一夜之間就能獲得的，但是如果多加磨鍊，你就會在短時間內盡可能地鍛鍊出這種本領的。

做個會聽的人

大多數的談話過程是由一個人說話，另外的人則在等待輪到自己說話的時機。所以，這位等待說話的人並非完全沒有聽講，但他的聽講只是為了等待發言的那一刻。換言之，他並未注意傾聽，而是在暗暗地想著自己的心事。

「聽」和「聞」，在意志力的行使方面，有著微妙的差異。「聽」，名副其實是透過一個人的聽覺，察覺出聲音；而「聞」是為了瞭解聲音的涵義，有全神貫注傾聽的意義。

若只是「聽」，就不必過於努力；但若是「聞」，就必須使之發生作用。每個人多少都患有全神傾聽卻精神渙散的毛病。如果不注意傾聽說話的內容，而只是茫然地附和著音調的高低起伏，便很容易會犯下過錯。

你有沒有隨著情況的需要，調整過你「聽」與「聞」的不同呢？現在，想像下面這些人的談話，分析他們的聽話程度——

上司向你提出兩個月後要向公司最大一家客戶餽贈禮物的計畫。

你的秘書不厭其煩地告訴你，她星期六在量販店裡找到許多便宜貨。

你的兒子向你描述他們球隊失敗的經過。

你的上司向你談起他的度假計畫。

前面的例子中，引起你全神貫注傾聽的誘因是什麼？話題？恐懼或感情？有時，明明想仔細聆聽，但卻在下意識中為了某一件事，注意力分散而無法集中。有時是對話題不感興趣，或是說話者的說話技巧拙劣，或是所說的話題缺乏資料價值。

也許，你還可以找到更多的答案，來證明人類聽的能力是受到許多因素的影響。有些話對人說猶如耳邊風，聽過就忘記，但是有些話卻是句句入耳、字字銘刻心中。

聽者的神態，盡在說者的眼裡。如果你是認真在傾聽，自然能給予說話的人肯定的回饋（鼓勵）。對方會認定你是一個理想的傾訴者，並將你的智慧估計得比實際上高得多。

做個忠實的聽眾，就是擁有了掌握人心的強勁武器。尤其在商業界、藝文界和娛樂界裡，有關「聞」方面的行為頗受注目。

在商業界，專為教育用途而設的視聽教材，就是具有代表性的例子，讓學者能夠跟錄音帶學習。由此可見，聽這個行為對人類來說是何等的重要。

學習聽講的技能，是一項很重要的政治能力，也是終身受用的。做一個好的聽眾也許很

難，但是把這種寶貴的能力應用在工作上、生活上，確能受用不盡，你不妨也試試。

觀察別人的行為是件愉快的事，而且也是一項極為有趣的消遣。「三人行必有我師」，每一個人都有值得學習的優點。有些人說話口齒笨拙、詞不達意，但觀察他的行為舉止，卻隱有深厚的內涵。觀察一個人行動上所顯示出的人品、風格，會讓人覺得趣味無窮。在生活中，經常扮演一個熱心、冷靜的觀察者，必定能使你的生活更豐富。

從觀察別人開始，可以訓練自己的傾聽能力，參加集會時，不管別人玩的是什麼遊戲，你都要積極參與，著手多方面觀察，一定可以從中拾取心得。

為了提高傾聽和觀察的效果，你必須經常設定一個目標。久而久之，你就可以成為不鳴則已，一鳴驚人的人物，受到眾人的仰慕。

在開會時，你要暫時充當偵探的角色，磨鍊自己的手段。你可以選定任何一個人，作為觀察的對象，仔細聽他的發言，小心觀察他的舉動，並努力透視他的心理。

每個人都有自己的生活背景，所以，兩個不同的人碰到一起後所發生的情節，都可以產生一部像樣的小說。總之，人類的想像力不管怎樣大，無論如何比不上現實的離奇性、刺激性。

仔細聆聽對方的話，可以準確地捕捉想法和意圖，這樣，就會在很大程度上避免誤會的產生。

讓別人聆聽的秘訣

要說服別人，最重要的是熱情。如果沒有要讓對方完全領會、接受的強烈心意，最後一定會半途而廢、無功而返。但也並不是說只要有熱情就夠了，為了讓對方願意聽下去，就必須在表現方式上下功夫。

有些人連自己做過的事也不能說明清楚。比如，只要說「昨天去哪裡，做了什麼事」就可以了。他卻從「昨天身體很不舒服」之類不著邊際的話開始說起，聽的人因為一直都沒聽到重點，所以就沒有認真聽，而講的人就變得很丟臉了。

拖拖拉拉的說話方式也不行，讓人聽不出話中的條理與邏輯，有時也會因意思不清楚而招致不必要的誤解。在每次呼吸之間說完一句完整的話，讓對方完全瞭解，這種說話方式最好。

長兩隻耳朵是爲了多聽少說

幾乎所有男人都認為女人話太多了，意思是他們沒有機會多說話。而許多女人不明白的

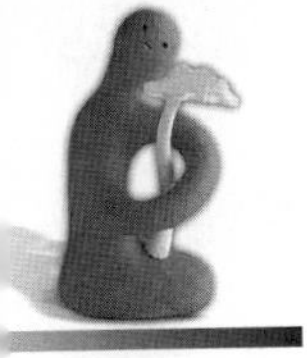

仔細聆聽對方的話，可以準確地捕捉想法和意圖，這樣，就會在很大程度上避免誤會的產生。

是，聽男人說話並不只是默不作聲地坐在那裡。聽人說話也要講究「品質」，是一種「積極性」的傾聽。如果你是一個真正嫻熟的聽者，同樣插得上嘴。

傾聽人說話，首先意味著要付出注意力。眼神不要左右飄浮，或做出緊張、坐立不安的舉動。不要讓心思遊移到明天要買的雜貨或想買的新衣服上。聽的時候，表情要放輕鬆，讓它們隨著聽到的內容變化。舞臺導演的困難工作之一，就是訓練演員表現出傾聽劇中另一個演員在說些什麼的樣子。如果你想成為成功的聽者，不妨就用同樣的方式訓練自己吧。

良好的傾聽意味著精神集中的配合。以前有一種理論，說想要贏得男人之心的女孩，只要在他描述他擁有的一大筆交易時，抬起頭注視著他，同時喃喃說出「你這了不起的白馬王子。天啊，你真是天才！」之類的話語就成了。她表現得越愚蠢，他就越傾心。這個腳本已經有點改變了。時下有太多的女孩子也完成了一些大交易，而且覺得從一個精明的女強人轉變成愚蠢的小女孩有點一時轉不過彎來。而男人似乎也變精明了，懂得區分真正關心他在說些什麼的女孩和裝傻想要纏住他的女孩。因此，如果你想要贏得一個男人的心或影響他，可不要在他需要一個聰慧的聽者時，對他要出做作的那一套。

不時發問，還可以偶爾提出一個不同的看法。如果你有支持他的說法的個人經驗，在他談話停頓的間隙提出來。但要簡短，然後再把談話的主導權還給他。這種傾聽不會只是單調的獨白，而是雙向的溝通。

大多數人都是差勁的聽眾，因為他們不熟悉規則，需要透過練習改進自己。有技巧的聽眾本身也有變成好的談話者的可能，在輪到他們講話的時候——一種技巧會促成另一種技巧。

聽人講話的藝術一旦學到了，會使我們與其他人相處得更好。

移情傾聽

我們一般都是首先尋求被理解；大多數人不是抱著瞭解別人目的去聽他人說話；他們聽人說話的目的是為了回答。他們不是在講話，就是在準備講話。他們拿他們自己的經歷去理解別人的生活。例如，他們總是會說：「哦，我清楚地知道你會有什麼感覺！」、「我也經歷過非常相同的事情，我來告訴你我的經驗。」……等等。他們總是用他們自己的經歷來衡

仔細聆聽對方的話，可以準確地捕捉想法和意圖，這樣，就會在很大程度上避免誤會的產生。

量別人的行為。他們給跟他們交往的所有的人開的處方就是他們自己的經驗。要是他們與某一個人──兒子、女兒、配偶、員工──有了麻煩，他們總是說：「那個人就是不瞭解。」

我們的腦袋裡充滿了我們自己的是非標準，我們自己的經歷。我們希望被人瞭解，我們根本不會真正瞭解另一個人的頭腦裡想的是什麼。

我們在聽另一個人講話時，可能不理睬那個人，那根本不是真正地在聽。我們也許會裝著在聽，敷衍地回應著「是的。嗯，對的。」；我們也許有選擇地聽，只聽談話中的某些部分；或者我們甚至可以專心地聽講，集中精神注意聽人家正在說的話。但是我們很少有人在聽人說話時能夠「移情傾聽」。

這裡所說的「移情傾聽」，是指抱著瞭解的目的在傾聽。也就是說，首先尋求瞭解，真正的瞭解。移情傾聽能夠明白另一個人的觀點。你透過它來看問題，以他們看世界的方法來看世界，你要瞭解他們的模式，知道他們的感受。

移情傾聽不僅僅是要記住、反映或者甚至瞭解對方所說的話。在移情傾聽過程中，你是用耳朵來聽，但更重要的是，你還要用眼睛和心靈來聽。你要聽出對方的感情、意圖和態度。你不僅要用你的左腦，而且還要用到右腦。你會覺察、直覺和感覺。

移情傾聽作用很大，因為它能給你行動時所需要準備的資料。你不必搬出你自己的經歷，不必去臆度別人的想法、感情、動機和解釋。相反的，你要瞭解的是那個人腦袋裡和心靈上的實際情況。你聽是為了要瞭解。你所關注的是得到另一個人心靈的深刻交流。

當你設身處地傾聽另一個人講話時，你就使那個人得到了心理上的尊重。當那個至關重要的需求得到滿足之後，那時你就可以集中精神來施加影響，或者解決問題。

比薩斜塔也會變正

莫麗莎和沙姆平時都非常包容對方，每當兩個人之間出現矛盾時，他們總是能夠回過頭去做些補救的事，從而使二人和好如初。但是最近出現了一個難題，沙姆近來總是忙於工作，晚上回家總是錯過了晚飯時間，這使莫麗莎很不安。其實沙姆正在忙著一個非常特殊的工作專案，而這個專案必須要花費他大量的下班時間，而且這個工作將持續幾個月。莫麗莎感到自己被冷落了，她很孤獨。當她同丈夫講起這件事時，丈夫也非常不安，他問妻子：

「我怎樣做你才會高興呢？」妻子只是說：「你早點回家吧！」可是丈夫說：「可那是不可能的呀，我有許多工作要做。」這似乎便是他們談話的結果了。莫麗莎依然會感到沮喪。沙姆向來都是迎合她的，但這次，他實在不能滿足她的要求了。

最後，莫麗莎不再鬱鬱寡歡了，她開始思考起解決辦法了。不久，她有了個好主意，她向沙姆提議，建議他調換一下時間表。讓他不要每天晚上都九點鐘到家，可以有一天晚上十一點鐘到家，而第二天七點鐘便到家。

沙姆仔細想了一想便同意了，他覺得這個建議挺好的。因為這也順應他的心意，於是沙姆實行了這一計畫。他開始工作到晚上十一點鐘，而莫麗沙會去辦公室給他送點外賣的飯菜，於是兩個人可以在吃飯休息時談談天。透過這一個辦法，莫麗莎同沙姆又恢復了往日的默契。他們兩人這樣生活了六個月，沙姆終於完成了工作。他們二人都很開心，因為彼此可以有足夠的時間在一起了；而沙姆也不會因為工作太忙而感到壓抑，因為吃飯的時候就能見到莫麗莎了。其實，只要仔細思考，許多問題都會有最佳的解決辦法。

如果你有想讓對方傾聽自己的需要，千萬不能在不合適的時機談及。等到時機成熟，他（她）會更容易接受且聽得更清楚。

時機就是一切。當你的老公剛進門時你就告訴他需要他幫忙洗碗，這極可能會使他想再退出去。當他勞累了一天後很晚才回家時，你告訴他自己需要褒獎，那無疑將是一場災難。

當他（她）很冷靜，而且時機已成熟時，你提出建議是最好的。坐下來，使雙方的目光接觸，確信對方不再看報或者看電視了。如果你們兩人在吃過飯後思路更清晰，那就等吃完飯再說。你的需要是最重要的！這需要先生或太太的全部注意力。你努力地描述自己的需要，你的話值得聽清楚，而你的配偶也有了一次認真傾聽你的機會。對照下文判斷一下你與配偶談話的時機是否正確。

好的時機：

當二人情緒都良好時。

當雙方都能把全部注意力集中在對方身上時。

當二人都休息充分時。

當二人都有足夠的時間能徹底交談時。

當電視已經關掉時。

不好的時機：

當其中一人情緒低落時。
當你們尚有其他矛盾未解決時。
當其中一人忙忙碌碌時。
當其中一人感覺身體不適時。

傾聽不僅僅是耳朵

1. **使用眼睛、臉孔、整個身體**——而不僅僅是耳朵：專心的意思是全面集中。如果我們真正熱心地聽別人說話，我們就會在他說話時看著他，我們會稍微向前傾身，我們臉部的表情會有所反應。

瑪喬麗·威爾森是魅力研究的權威，她說：「如果聽眾沒有什麼反應，很少人能夠把話講得好。所以當一句話打動了你的心，你就應該動一下身體。當一個主意確切地感動你，就

仔細聆聽對方的話，可以準確地捕捉想法和意圖，這樣，就會在很大程度上避免誤會的產生。

像你心裡的一根琴弦被震動了的時候，你就該稍微改變一下坐姿。」

如果我們想要成為好聽眾，就必須表現出我們很感興趣——我們必須訓練我們自己的身體機敏地去反應和表達。注意那隻在老鼠洞外等待著老鼠的貓，如果你想要知道如何才能有表情地傾聽的話。

2.永遠不可洩露秘密：有些男人從來不和他們的妻子討論事業問題的一個原因是：這些男人無法相信他們的太太不會把這些事情洩露給她的朋友或美容師。他們講給自己太太聽的每一件事情，都從她們的耳朵聽進去而又從她的嘴巴傳出來。「約翰希望，在維吉先生退休以後馬上得到公司的經理職位。」這是在橋牌桌上隨口說出的話，但是第二天就有人打電話給約翰對手的太太了——於是約翰就在完全不知道原因和真情的情況下，被暗中排擠掉了。

我訪問過的一個總經理告訴我，他在家談論公司裡的問題，竟也會流傳氾濫到致使他的職員喪失信心。「我很厭惡在超級市場和雞尾酒會裡大談公司的業務。那些女人真是太長舌了！」他輕蔑地說道。

甚至還有一些女人會利用丈夫的信任，在以後的爭論中把聽到的話拿出來以子之矛攻子

之盾。

這樣的場面多發生幾次，這位女人就不會再受到她丈夫向她大談業務的「騷擾」了。她的丈夫將會發現一個事實，看清楚自己只不過是給太太一些攻擊自己的話柄而已。成為一個好聽眾的最佳條件是：妻子不必以為瞭解丈夫工作的細節，才能使他得到滿足。如果她的丈夫是個繪圖員，他就不會希望他太太瞭解如何畫圖。

真的，一對敏感而受過訓練的耳朵，將會使女人更加可愛，使她有了一張比特洛伊城的海倫還要美麗的臉孔——而且也為她的丈夫帶來更多好處。

以下就是可以幫助你成為好聽眾的三個條件：

1. **用臉部表情和身體姿勢來表達注意力。**
2. **詢問有智慧的問題。**
3. **永遠不要洩漏祕密。**

仔細聆聽對方的話，可以準確地捕捉想法和意圖，這樣，就會在很大程度上避免誤會的產生。

瞭解與感覺

在你學習深入聆聽別人的傾訴時，你會發現人們在認知方面的巨大差別。你還將開始看到當人們在相互依存的情況下努力合作時這些差別可能帶來的影響。瞭解他人，並與他人協助合作，這是成功過程中的第一步。即使另一個人沒有這個習慣，也要首先尋求瞭解。

這個原則對一位經理有極大的幫助。下面是他所講述的一段經歷：

我那時在一家小公司工作，這個公司正在和一個全國性的大金融機構談判一個合約。這個機構用飛機從三藩市請來了他們的律師，從俄亥俄州請來了他們的談判代表，另外還有他們的兩個大銀行的執行長，組成了一個八人談判小組。我所在的公司已經決定爭取雙贏的結果，否則便不作交易，他們希望大大提高服務水準和成本，差一點就被那個大金融機構的要求壓倒。

我們公司的總經理坐在談判桌的另一邊對他們說：「我們希望你們能按你們的想法寫下合約，這樣我們就能夠瞭解你們的需要和擔心。我們將針對這些需要和擔心作出反應。然後我們就可以談價格問題。」

那個談判小組的人當時感到不知所措。他們沒有想到會有機會來寫合約。他們用了三天的時間提出一個方案。

在他們拿出那個方案之後，總經理說：「現在看看我們是不是真的瞭解你們的需要。」然後他讀了一遍合約，解釋了它的內容、考慮它所表現出來的誠意，直到他和他們都確信他瞭解了對他們來說的重要東西。「是的，是這樣。不，我們在這裡的意思不完全是那樣……對，你現在對了。」

在他完全瞭解他們的觀點之後，他開始從他的觀點對某些問題作出解釋……他們側耳傾聽。他們願意聽，他們沒有盲目爭論。開始時是非常拘謹、沒有信任、幾乎是帶有敵意的一種氣氛，結果變成了一種有利於合作的環境。

在討論結束時，談判小組的成員基本上是這樣說的：「我們希望和你們合作。我們想做這筆交易。告訴我們是什麼價吧，我們準備簽字。」

尋求瞭解

不管怎樣，你總是可以去尋求理解，這個主動權在你自己手裡。如果你這樣做，把注意

仔細聆聽對方的話，可以準確地捕捉想法和意圖，這樣，就會在很大程度上避免誤會的產生。

力集中於你的影響圈內，你就能真正地、深刻地瞭解另一個人。你能獲得你努力所需要的準確情況，能夠很快觸及問題的要害、能建起感情的存款帳戶，並且給人他們所需要的心理空氣，這樣，你們就能有效地進行合作。

這是一個徹底的辦法。當你這樣做時，注意你的影響會有什麼情況。因為你真心真意去傾聽，你就能夠接受影響。能接受影響是能影響別人的關鍵。當你的影響開始擴大，你對你所擔心的許多事情所能夠施加影響的能力就會得到加強。另外，還要注意發生什麼情況。你對別人的瞭解越深，你對他們的評價就越正確，你對他們也就越尊重。當你觸及另一個人的靈魂時，就會像在聖地上行走一般。

你下次與別人交流時，可以先把你自己的經歷放在一邊，真正地尋求瞭解對方。即使人們不願談出他們的問題，你也可以採移情作用。你可以感覺他們的心情，你可以感覺他們的痛苦，你可以說：「你今天看上去情緒不好。」他們也許什麼也不說。但這沒什麼，你已經表示了你對他的瞭解和尊重。

不要催逼他人，要有耐心，要恭敬。在你能夠設身處地理解別人之前，人們未必會把他們的問題告訴你。你可以始終設身處地地去理解他們的行為，你可以去辨別、去感覺、去意

識，並且在必要時把你的經歷拋在一邊。

假如你非常主動積極，你就能創造機會，未雨綢繆。你不必非要等到兒子或女兒在學習上有了問題，或者馬上要進行下一個生意談判時才去尋求瞭解。

現在就要花些時間和孩子在一起，一對一地在一起。聽他們說話，瞭解他們。以他們的眼光看你的家庭、學校生活和他們所面臨的挑戰與問題。建立感情存款帳戶，給他們空氣。

經常同你的配偶一起外出，或者吃飯，或者做你們兩人都喜歡的其他事情。互相傾聽對方的傾訴；努力去體諒瞭解對方，雙方都通過對方的眼睛來看待生活。

你為深刻瞭解你所愛的人所投入的時間，能使你在坦誠的交流中獲得大收益。許多困擾家庭和婚姻關係的問題根本得不到向惡化的方向發展的時間。交流變得非常坦誠，所以，潛在的問題都能消滅在萌芽狀態。而且感情存款帳戶上的信任儲存很多，這足以解決確已形成的許多問題。

在企業裡，你可以訂出一些會見員工的時間，聽取他們的意見，瞭解他們。在你的企業中建立一個人力資源帳目，或者股東資訊體系，以求得到來自各方面——顧客、供應商和員工——的真實準確的回饋。要把人的因素看作同財政因素或技術因素同等重要的因素。如果

仔細聆聽對方的話，可以準確地捕捉想法和意圖，這樣，就會在很大程度上避免誤會的產生。

你能發掘企業中所有各方面的人力資源，你就能節省大量的時間、精力和金錢。你聽別人講話就是在學習。同時，你也給了為你工作和同你共事的人以心理空氣。你所造成的忠誠遠遠超過了那種朝九晚五有形的工作要求。

首先尋求瞭解。在問題出現之前、在你想進行評估和開立處方之前、在你想提出你自己的看法之前——先去尋求瞭解。這是有效的相互依存的一個作用很大的習慣。

當我們真正地、深刻地相互瞭解時，我們就為找到解決辦法和第三種選擇打開了大門。我們的差異不再是進行交流和取得進展的阻礙。相反，它們成了通往合作的台階。

交心——別讓誤會成為拓展人脈的絆腳石

第五章・溝通是解決誤會的良藥

誤會的發生，是無法避免的。問題是當誤會產生的時候，應該怎樣來解決呢？

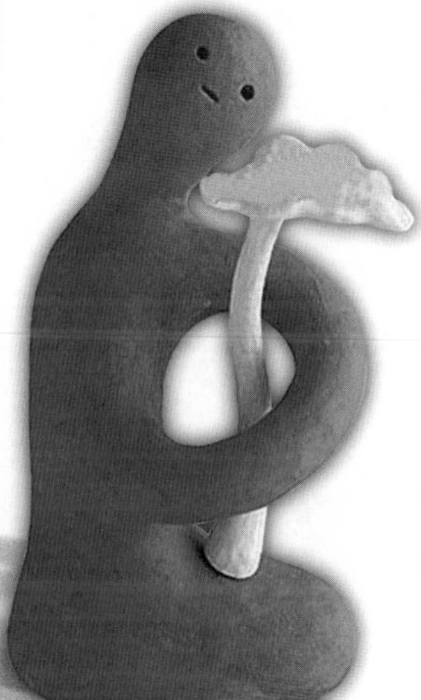

溝通就是最有效的方式

在社會的各個層面，都有透過對話達到相互瞭解、解除誤會的強烈需要，尤以商界為最。商業場合有很多因素，如組織結構優化、企業戰略聯盟、激發員工主觀機動性、以客戶為中心等等彙集在一起，強化了對話的必要。

1. 對話的原則：對話是一種很嚴格的討論方式，對參與者有嚴格的紀律要求。如果不遵守這些紀律，就無法從成功的對話中獲益。如果開展很有技巧性的對話，結果可能非同一般。它會消除長期的偏見、克服不信任、取得全新認識、發現新的共同點、增強群體的凝聚力等等。對話和一般的討論之所以截然不同，在於它有三個鮮明的特徵：真正的對話中不存在對話各方的較勁，不存在級別高低的影響，觀點不同也不會有絲毫的懲罰，總之沒有任何形式的強人所難。

①相互平等：對話之所以是對話，正在於對話各方面已經建立了信任，位置高的人也放下身段，平等地進行交流。在形成了相互坦誠的心態後，各方才能以平等的身份，推心置腹地展開交流。

②推己及人，認真傾聽：推己及人是一種通曉他人思想感情的能力，在對話中是不可或缺的。討論中的參與者可以不產生共鳴，但這只不過是討論而已，算不上對話。人們發覺，

表達自己的思想容易，若要設身處地回應他人的不同觀點卻困難。因此，討論比對話更加常見。

③表明觀點，開誠佈公：談話中別人可能會向你奉若神明的觀念發出衝擊，要想在對方提出敏感話題後，穩若泰山、不急不躁、坦然應答，確實需要練習，需要把握分寸。在對話中，人們可以互相表現出觀點，對其展開有效討論。

以上三個特徵，缺乏任意一個或者一個以上，對話就會變成只是一般的討論，或者其他形式的交流。

2.避免易犯的錯誤：對話者經常會犯一些錯誤，而正是因為這些錯誤的存在，所以讓對話之路充滿了艱難。但是，倘若你能夠及時發覺這些錯誤，學會減輕其影響，那麼你就能全身而退。

①顧慮重重：人們有所顧慮的原因千差萬別，最普遍的原因是未能建立信任。因為對話的形式相當開放，中間涉及到一些自我暴露的問題。一旦人們感覺到對話者中存在絲毫的敵意，或者感覺到有可能出現難堪，人們就會產生顧慮。在一些較為深入的話題上，人們更容易接受一種與個人經歷和記憶相關聯的溝通。如能激發這種感覺，則有助於直接切入正題，

而且會使對話者如沐春風。於此同時，人們都不希望一下子和陌生人，甚至同事，拉得太近。對象通常希望能夠在利用這些感覺的同時，不會讓對方感到自己一覽無遺。

②過早付諸行動：匆匆開始行動也是比較常見的錯誤。在討論中，常常會出現這樣的情況：一旦某個問題被提出來，一定會有人問：「那我們怎麼處理？」到了這個節骨眼上，關於這一問題的對話就會戛然而止，代之以紛亂的觀點、爭吵和草率行事。

對話切忌過早行動的傾向。它仿佛電線短路一樣，中斷了深入其他對話者的思想、感情和觀點的過程，無法為成熟的決策奠定基礎。

如果對話中有人要迫不及待地付諸行動，稍微停頓一下是很管用，對話方應自問是否需要進一步對話。所以，如果有人提出「我們怎麼解決這個問題」時，可以這樣答覆：「還沒有到解決的時候，讓我們稍等片刻一下吧。」這種方法通常能夠克服對話者急於行動的情緒。

③聽而不聞：另外一個常見問題是，當一方表述不清時，而另一方不願意再花工夫瞭解他到底在說什麼。大多數人，特別是矛盾重重的時候，是不習慣於找最確切的話來表述自己的感情。這個時候需要有耐心，有想他人所想的能力，做到推己及人，認真傾聽。

要避免這一錯誤的一個有用技巧是，對話者可以把他所聽到的話用別的方式重新表述一遍。聽到別人重新闡釋自己的話時，原發言者就能夠相應做出一些糾正和補充。在開展得好的對話中，對話者常常會說：「對，我就是這個意思。」或者「這只是一方面，但我想補充幾點。」對話中如能保證相互之間的正確理解，就能夠讓對話者感到溫暖、親切。

④出發點不一致：這是對話中最複雜、棘手的錯誤之一。一般情況下，對話者都有些先入為主的見解。而在對話過程中，這些觀點得到修正。但是，如果某個問題一方已經考慮了很多年，另一方才考慮幾分鐘，那麼讓雙方達成默契則殊為不易。

出現這種溝通的鴻溝，如果只是由於雙方對於某些問題的認識有深有淺，那麼問題就相對容易解決，事先進行一些介紹就將會有所幫助。

沉默的力量

「語而當，難；默而當，尤難。」中國古人的這句話越琢磨越覺得對勁，因為從人性的

本質來看，我們每個人當然最為關心的是自己，喜歡講述自己的事情，喜歡聽到與自己有關的東西。由於這種心理，有些人便經常犯這樣一種錯誤——不喜歡聽人講話，他們要嘛滔滔不絕地一人說個不停，不去顧及他人作何反應；要嘛當人講話時，注意力不大集中，總是心不在焉。這種習慣實在有礙於人際交往。

要使人喜歡你，那就要做一個善於聆聽的人，鼓勵別人多談談他們自己。傾聽在某種意義上也是一種交談，甚至是更重要的交談。

專心地聽別人講話，是我們所能給予別人的最大的讚美。傑克烏弗在《陌生人在愛中》裡寫道：

「很少人經得起別人專心聽講所給予的暗示性讚美。我不只是專心聽他講話，我還誠於嘉許，寬於稱讚」。

「我告訴他，我感到非常有意思，受益良多——我的確是如此。我告訴他，我希望擁有他的知識——我的確是如此希望。我告訴他，我想同他漫遊大地——我真的是那麼想。我告訴他，我必須再見見他——我真是必須如此。」

「因此，我使他認為我是一位優秀的談話家，而事實上我只是一位好聽眾，鼓勵他開口

而已。」

上述經驗是富於啟示性的。專心地注意那個對你說話的人是非常重要的，再也沒有比這個更有效的了。

一位貧窮的荷蘭移民小孩，在放學之後為一家開麵包店的寡婦擦洗門窗，一周五十美分。他家實在太窮了，他經常提著一個籃子到街上去，拾取來往的運煤車掉在地上的煤屑。這個小孩是愛德華．巴克，一生中沒有受過六年以上的教育，但他終於使自己成為美國新聞業中最成功的雜誌編輯之一。他怎麼做到的？他十三歲時就休學了，在西聯公司當學徒，週薪是六元二十五分，但他從沒有一刻放棄受教育的念頭。於是，他開始自學。他節省開支，不吃午飯，直到他節省了足夠的錢，買了一套美國名人傳記大全。接著他做了一件前所未聞的事。他讀了那些名人的傳記，然後寫信給他們，請他們進一步提供孩提時代的資料。他是一名好的聽眾，他鼓勵名人談論他們自己。他寫信給當時正在競選美國總統的詹姆斯•格爾弗將軍，問他以前是否當過運河上的拖船員，格爾弗回信了。他寫信給格蘭特將軍，請教他某一個戰役，於是格蘭特畫了一張地圖給他，邀請這位十四歲的小男孩吃晚飯，並且跟他談了一個晚上。他寫信給愛默生，鼓勵愛默生談談他自己。這位西聯公司的學徒，不久之後就跟許多美國著名的人物通信了：愛默生、菲力浦・布洛克、奧利佛・霍姆斯、林肯夫人、路易莎・亞爾克特、謝爾曼將軍、傑弗遜・大衛斯……等知名的偉大人物。

他不只跟這些名人通信，而且一到假期就造訪他們中的許多人，成為座上客。這些經歷使他樹立了一種金錢無法換取的信心，並且擁有事業家的遠大眼光——就是這些決定了他的一生。而這些之所以變成可能，主要是因為應用了談論對方感興趣的話題這個原則。

因此，如果你想成為一名優秀的談話家，就先做一個注意聆聽的人。請記住：傾聽也是一種交談方式，甚至是更主要的交談。

以下是一則真實的故事——

某公司有一個女孩子，平日只是默默工作，並不多話，和人聊天時總是微微笑著。有一年，公司裡來了一個喜好鬥爭的女孩子，很多同事在她主動發起的攻擊之下，不是辭職就是請調。最後，矛頭終於指向了這個女孩子。某日，這位喜好鬥爭的女孩子抓到了那位一貫沉默的女孩子的把柄，立刻點燃火藥，劈裡啪啦的大聲了一頓，誰知那位女孩只是默默笑著，一句話也沒說，只偶爾問一句：「啊？」最後，好鬥的那個女生主動鳴金收兵，但也已氣得滿臉通紅，一句話也說不出來。過了半年，這位好鬥的女孩子也自請他調了。

你一定會說，那個沉默的女孩子「修養」實在太好了，其實不是這樣，而是那位女孩子聽力不大好，雖然理解別人的話不至於有困難，但總是要慢半拍，而當她仔細聆聽你的話語並思索你話語的意思時，臉上會出現無辜、茫然的表情。你對她發作那麼久，那麼賣力，她回你的卻是這種表情和「啊？」的不解聲，難怪要鬥不下去，只好鳴金收兵了。

這個故事說明了一個事實：「沉默」的收納力量是何其大，面對沉默，所有的語言力量都消失了！人常說，只要有人的地方，就會有鬥爭。這不是新鮮事，因此你要有面對不懷善意攻擊的心理準備。你可以不去攻擊對方，但保護自己的「防護網」一定要有。我的建議是：不如裝聾作啞！聾啞之人是不會和人起爭鬥的，因為他聽不到、說不出，別人也不會找這種人鬥，因為鬥了也是白鬥。不過大部分人都不聾又不啞，一聽到不順耳的話就會回嘴，其實一回嘴就中了對方的計；不回嘴，他自然就覺得無趣了。他如果還一再挑釁，只會凸顯出他的好鬥與無理取鬧罷了，因此面對你的沉默，這種人多半會在幾句話之後就倉皇地「且罵且退」，離開現場！如果你還裝出一副聽不懂的樣子，並且發出「啊？」的聲音，那麼更能讓對方敗走！

不過，要「作啞」不難，要「裝聾」才是不易，因此也要培養對他人的言語「入耳而不入心」的功夫，否則心中一起波瀾，要不起來回他一兩句是很難的。

學習裝聾作啞，除了可以不戰而勝之外，也可避免自己成為別人的目標，而習慣裝聾作啞，也可避免自己去找人麻煩，好處真是不少呢！

和上司交流的三大原則

1. 有問必答的技巧：主管常常就有關工作、生活問題與下屬談話交流，可有不少年輕一點的下屬遇到主管的主動詢問時，往往手足無措，或語無倫次，或詞不達意。以至於讓主晚對自己產生誤解，留下不良印象。正確的處理方法是有問必答。因此要掌握有問必答的技巧：

①僅答其所問，絕不隨意發揮：主管問什麼，就答什麼，不要多說題外話。

②冷靜思考，回答有序：也就是在回答問題時，先說什麼和後說什麼，應迅速做反應。

③回答問題有禮貌：具體來說，無論當時你是站著或坐著，都應表現出應有的禮貌：

雙目注視對方，恭敬回答。

④假如遇到難以回答的問題，不可躲避，因為這樣會很失禮：應該大方地說自己不懂，或謙虛地向主管請教。

掌握以上技巧，會使你自己與主管避免誤會，建立融洽的人際關係。

2.善於鋒芒畢露：下屬在主管面前，不可以總是唯唯諾諾，不敢有所發揮。有時候，在一定的場合，鋒芒畢露往往可以出奇制勝。像是在主管舉辦的演講或技能評測等場合，下屬必須將自己的本領「鋒芒畢露」地展現出來。在這種類似的場合，任何謙讓都是愚蠢和錯誤的，這裡說的「鋒芒畢露」與驕傲自滿、愛出風頭無關。它是一種擁有豐厚功夫底子實力的展現。但「鋒芒畢露」在具體做法上也是有講究的：

①「鋒芒」所指的必須是正義的、合乎公司或部門利益的方面。

②「畢露」不一定是「先露」。有時你可先讓人一步，讓競爭對手「亮相」。在分析、判斷對方的長處和不足的同時，校正自己的實施計畫，然後漂亮地「露一手」。總體說來，很多時候沉默而不顯示力量就意味著失去了寶貴的時機，只有善於「鋒芒畢露」者，才會有所成就。

3.訥於言和敏於行：這是古代教育家孔子的忠告。說白了就是少說多做，而且做得要好。要注意：無論你的上司是否在場，都應堅持少說多做的原則。

「訥於言」，要做到「三不」：一是不要隨便向上司提什麼工作「建議」。有個愛虛榮的下屬，自己剛接觸一個部門的工作，業務知識還很生疏，但為了討好上司，往往一知半解地給上司提工作建議，以為這是積極的表現。可結果總是恰恰相反。二是不在各種場合隨便議論、評價上司，以免造成與上司關係的不和諧。三是不要隨便地到上司那裡，對同事蜚長流短。好多人不明白這個道理，以為向上司抓耙子就能獲得信任。但是就多數情況看，結果正相反──上司會連你也懷疑了，因為，誰都不會對一個隨隨便便的「告密」者感到放心。

「敏於行」，是建議人們在工作中要做到「一前一後」和「三點」。「一前一後」是指「吃苦在前，享受在後」。「三點」是指：「上班早一點」，目的在於養成事先做好各種準備的好習慣；「工作中多學著點」，要求人們無論從事什麼工作都要虛心學習，掌握要領；「下班晚一點」，要求人們在下班之後，認真細緻地總結一下，整理好自己的工作環境，養成善始善終的好習慣。總體來說，「訥於言，敏於行」不僅是一種良好的品質修養，也是與上司建立和諧關係的重要條件。

讓上司聽明白你的話

把話講得清楚，是讓別人不產生誤會的基礎，當你打開收音機，聽到干擾的聲音，會有一種無法忍受的厭煩。相反，如果播音員聲音清晰、談吐有序、音色悅耳，那麼你不僅愛聽播音內容，也會喜歡上這個播音員。之所以強調這一點，因為如何讓上司聽清楚你講的話非常重要。須掌握以下幾點：

1.**語調清晰**：在交往中，我們常常可以遇到有些人講話語音含糊不清，讓別人聽得很費力。假如一個去參加面試的人，出現這種現象，對自己所產生的不良影響是不言而喻的。所以在與上司相處時，必須注意訓練自己的「咬文嚼字」能力，養成良好的習慣。如果你有語言含混不清的毛病，可採取下面的方法加以糾正：

①不要讓舌頭跑在思維的前面：也就是說在進行語言表述的時候，應先想好了再說，或一邊想一邊說，讓自己嘴中的發音比自己的思維慢一拍，仔細觀察一下，多數發音含混不清的人是因為「心嘴同步」，或是思路尚未釐清，就已經把話說了出來。

②一字一句把音發準確：為達到吐字清晰的目的，請你堅持在一段時間內，每天抽半個

小時的時間朗讀一段文字，同時注意同音字和諧音字的區別。一定要把握吐字的速度不宜太快，然後把話一字一句說準確。

2. 音量適中：為了讓上司聽清楚，須學會音量適中。如果嗓門過大、過高，使人感到你很粗俗；如音量過低、過小，則會給人膽小、怕事、沒有朝氣的感覺。

3. 談吐有序：與上司談話時，速度不要太快，要有條理。分清楚首先要說什麼，其次再講什麼，讓上司理解你要表達的意思，同時，還要注意語言的抑揚頓挫，使其悅耳動聽。

聽明白，是指對方基本或完全聽懂了你所說的話的涵意，不會產生誤會。僅僅讓上司主管聽清楚你講的話還不夠，還必須讓上司明白你說的是什麼，這需要掌握三個方面的技巧：

1. 詳略得當：由於你要與上司溝通的思想或要表達的期望，往往用一句半話難以說得清楚，而上司往往工作比較繁忙。因此如何用較少、較精煉的語言向上司進行表述，是一個值得推敲的問題。說話與寫文章一樣，也存在一個詳和略的問題。如果你認為是關係重大的事情，可以講得稍微詳細一點，對一些無關緊要的問題，可以少說，或者不說。因為如果不這樣做，你就有可能沖淡主題，或是話多語失。

2. 遣詞造句：與對方交談的過程，實際上是一個雙方都在運用腦海中所儲備的辭彙，進行

遣詞造句的過程。至於如何遣詞造句，這就看你的文學素養了。一般來說，你應根據上司的文學素養和知識水準來決定如何使用辭彙。同時，還要注意到中文裡的書面文字和日常用語的區別。如果你的知識面廣、學歷高，而你的上司文學素養可能不如你，這時你同上司交談時，就不應使用大量比較冷僻的書面語言。比如：「遴選人才」、「創意」、「舉措」等等之類的文章語，而改以大眾話如「難以改變的傳統觀念」、「選拔人才」、「創造性的點子」、「措施、方案、方法」等等比較貼近生活的說法，顯然，後者比前者更能使對方瞭解你的話題。人們常說：見人說人話，在這裡有一定的道理。所以，聰明的人須注意遣詞造句的應用效果。

3. **語意肯定**：當與上司交談時，如果對有些問題或有些事情，必須做出明確的表態時，應該用準確的語言表達自己的正確態度。是同意，還是不同意？是喜歡，還是不喜歡？類似的問題，在語意表達上，應該有肯定的答案。詞不達意或模棱兩可，應該肯定的不敢肯定，應該否定的不知道否定，都會影響雙方的有效溝通。

讚美上司的三大禁忌

美國藍朋頓朗特公司總經理朗特曾經說過：「讚揚不會增加消費，但常會增加利潤。」當然，他指的是管理企業方面對員工採取的激勵手段。無論是什麼人，都有一種需要他人讚揚的心理傾向。事實也正是如此，人不分男女老少，職不分高低貴賤，都喜歡聽到他人對自己的適當的讚揚。

奇士斐爾伯爵曾經說過：「各人有各人優越的地方，至少也有他們自以為優越的地方。在自知優越的地方，他們固然盼望得到別人公正的批評，但對那些還沒有自信的地方，尤其喜歡受到人家的讚揚。」所以，讚美是一種博取好感和促使人際關係和諧的有效方法。有一生都不願意受到批評的人，但沒有一生都不願意受到讚美的人。

下屬與上司要建立和諧的關係，讚美上司是一種必不可少的、成本最低的投資。但是，下屬在讚揚上司時，必須注意使用適當的讚美詞句，過度的讚美，會變成一種令人反感的奉承，從而產生對自己的誤會。具體說，下屬在讚美上司時應注意三個方面的問題：

1. **不要濫用讚揚的詞句：**也就是說讚揚的運用也要像使用金錢那樣，有價值需要時才使用。不分場合、不看對象、不準確地濫用讚揚，讚揚就失去了他的價值和作用。

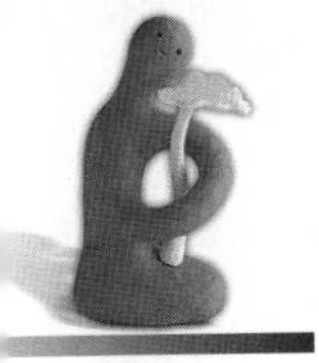

2. **對不瞭解的人和事，不要隨意讚揚：**在還不瞭解上司的長處或需要讚揚的方面時，就滿嘴讚美之詞，會叫人感到你粗俗不堪。

3. **不要對別人的不足或缺陷進行讚揚：**比如，上司寫的筆跡常使他自感不如小學生，而你卻不分良莠，在各種場合讚揚上司的字寫得如何漂亮，上司此時絕不會高興的，弄不好還會以為你在有意挖苦他。

因此，在與上司相處時，不僅要懂得讚揚的重要性，還要善於運用讚揚的藝術，這樣才能與上司建立和諧的人際關係。

注意「閒談」的時候

上下屬之間有時也有「閒談」，但這個「閒」確實不是可有可無。一位當秘書的朋友經常與我談起，他的一位上司幾乎每天都要到他的辦公室來「談」，有時一坐就是個把小時。每次與上司「閒談」後均有收穫，相互間的瞭解和友誼加深了，對於避免相互之間產生誤會非常有效，工作起來也得心應手了。

1. **要重視「閒談」：**千萬不要以為上司真的是閒得沒事，有意在與你「扯淡」。因此，當上司與你「閒談」時，你必須馬上放下手中的事情，聚精會神地投入，切莫不可心不在焉。從禮貌角度講，也應鄭重其事地迎接上司送上門來的「閒談」，因為這樣的機會不是經常能夠碰到的。而當上司一旦拉開「閒談」的架勢後，你必須適時地接過話題，使「閒談」在悠然自得的氣氛中不間斷地進行下去。如果你像平時接受上司指示那樣畢恭畢敬，只會點頭稱「是」，那「閒談」可能就談不起來。所以，你平時必須注重學習，養成思考問題的良好習慣。特別對國內外大事，都應該有一個較全面的瞭解和正確的看法。這樣，與上司「閒談」時才有「本錢」。

2. **要注意把握上司的思路：**在「閒談」時，上司可能就國內外或部門裡的某一件事情發表意見，或對某項工作發表感慨，或就某一問題與你探討。作為下屬，你應該準確地把握住上司的思路，尤其是要循著上司的思路適時發表你的見解，以利於上司進一步拓寬思路，或給上司某種啟發。在交談中，你應盡可能用事實、數字說話，提供的資料最好是上司平時不大注意或沒有掌握的。在「閒談」中還應注意弄清以下問題：一是上司近期

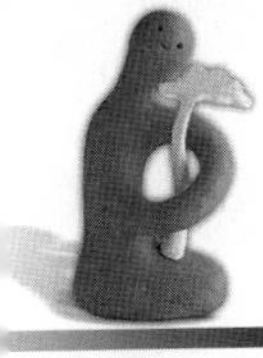

關注的大事是什麼。二是上司近期有無重要活動，如是否要在什麼會議上講話，是否要起草下達什麼重要文件等等。三是上司對當前人們關心的一些問題的基本看法，如果能在「閒談」中弄清上述問題，或者聽出了上司的傾向性意見，這樣你在工作中就容易把握「主旋律」，就不至於搞得做白工或重複做了。

3.要講究「閒談」的方式方法：既然是「閒談」，所以就不必拘束，氣氛應該很和諧。上司主動與你「閒談」，這已經說明並不打算給你下指示，而是想通過「閒談」得到一些東西。如果太拘束、太呆板，大家三言兩語就沒話可說，就可能會使上司失望。因此，作為下屬，講究「閒談」的方式方法是完全必要的。在尊重上司、幫助上司的思路指導下，可以採取以下辦法：一是提問法：循著上司的思路，以探討的口吻提出問題，與上司共同商討。這時的「問題」不應簡單重複上司已經提出過的問題，而應是深層的，能夠引起上司的興趣並樂於繼續探討的問題。二是反詰法：不是一般的提問題，而是循著上司的思路和話頭，從不同的角度甚至從反面提出問題，以求得到的結論更可靠更正確。三是論辯法：就「閒談」中的某一話題展開論辯，雙方各抒己見，但不要出言不遜，傷了和氣。一般情況下，如果與上級的關係還不是那麼密切，就不要採取這種方法。

4.要做好「閒談」後的工作：與下屬「閒談」，實際是上司的一種工作方法。上司與你「閒談」後，如果有任務交給你，你必須認真回味「閒談」中的內容，盡可能地把上司的「意思」想清楚，然後再去執行。如果在「閒談」中還有什麼問題沒有解決，則「閒談」後你應該繼續下功夫解決，不能不了了之。同時，從思維方法、表達方式等方面也應做一番思考，如對同一個問題，為什麼你與上司想不到一起，或者不如上司想得全、想得深？多進行這樣具體的分析和研究，就能更深入地瞭解你的上司，更便於做好上司交給你的工作，真正成為上司的好參謀、好幫手。

同事之間的語言藝術

同事之間長期相處，語言是溝通思想和情感的重要橋樑，同事之間在日常交往中，如果語言運用得恰當、適宜，可以避免誤會發生，使人際關係更為融洽。所以，必須做到以下幾點：

1.寬容大度：同事之間由於工作和生活中來往密切，語言交談的頻率很高，難免出現話語不

周、言詞失當的現象。這就要求你要胸懷寬廣，分寸得當，適可而止，不過分計較和追究非原則性瑣事。

①同事之間在日常語言交談中，要顧全大局，不要計較隻字片語，在非原則問題上能夠忍讓。作為同事，在原則性問題上應是非分明，但在一些非原則性的小事上，如果發生語言摩擦，應以事業為重，不要激化矛盾，即使有理也不妨互讓三分。

②不計前嫌，涵納「百川」。由於同事當中每個人的程度、經歷、年齡、性格、氣質以及思維方式等方面的差異，工作中難免產生意見分歧，以致發生衝突。遇到這種情況，你要保持清醒的頭腦，不要意氣用事，不使用過激的語言以免激化矛盾。在同事團體中，也可能碰到犯過錯誤的人，特別是反對過自己的人，和這種人相處在語言上要公正地對待他們，不計前嫌，寬容大度，是胸懷寬廣的體現。心胸狹隘、小肚雞腸，對人總是冷嘲熱諷、言語尖酸苛薄，是很難處好同事關係的。這樣的管理者不僅在人際關係上經常出現緊張狀態，而且還難以取得事業上的成功。

③對比自己能力強的人，語言要謙和尊重。在同事團體中，飽學之士大有人在，水準高、能力強的人可能就在你身邊。對這些才學確實比自己強的同事，要心悅誠服地向他們學

習，尊重他們，並如實地向主管反映和推薦。絕不能對強者妒火中燒，進行打擊和排斥。

④對資歷較淺、能力差或存有一些缺點的同事，應語言含蓄，態度誠懇。作為同事，任何人都不要以己之長，量人之短，更不應體現在語言中。對能力差、資歷淺的同事不應歧視、嘲笑，更不應在人前背後品頭論足，而應採取適當的方法善意說明、暗示或轉告等，幫助他們改進。

2.平等誠懇：同事之間，儘管有正副職之分，有排列順序前後之別，但既是同事關係，就應平等相處，誠懇對待。

①正職和排名在前者要克服優越感。如果你在語言上存在著優越感，就不會與人平等相處，而會給同事之間的關係投下不協調的陰影。

②副職和名次在後者要誠心合作。擔任副職或排名在後的同事，應切實履行職責，遇事主動同前輩商量，誠懇地提出自己的見解，虛心聽取同事的意見，使同事感到你的合作誠意，樂於同你平等相處。反之，如果凡事不願表態，把事情推給別人，自己表現出輕鬆的態度，這容易使別人產生誤解。以為你不願與他們共事，以致發生矛盾，破壞同事之間和諧的人際關係。

③不要互相貶低。同事之間是依存和協助的關係，誰也離不開誰。不要認為別人是微不足道的，只有自己才行。要尊重別人，不能互不服氣，更不能在主管面前貶低其他同事，這樣做最容易引起同事的反感，使彼此之間的關係出現不和諧的因素。

④語言得體，舉止有度。同事之間朝夕相處，時間一長，言談舉止往往很隨便。講話時容易失去原則，它會給協調人際關係潑上一盆冷水，蒙上一層陰影。所以，相處越久、關係越熟的同事管理者，更應注意語言舉止適度有節，使相互關係既密切融洽，又保持正常。這樣可避免發生忽親忽疏、大起大落的現象。

3.尊重信任：要學會運用語言藝術來促進同事之間的尊重和信任。

①尊重人格。同事之間的彼此尊重，首先是尊重對方的人格。不可以自視清高，自恃資深，出言不遜，蔑視他人。切忌用侮辱對方人格的語言，更不能在他人面前詆毀同事。

②給予信任。每人都有可取之處，誰都希望別人對自己的能力給予重視和肯定。因此，對於他人分擔的工作，應表示出信任的態度。即使提出希望和建議，也要用適宜的語言方式表達出來，而不要在語言、口氣、表情、手勢等方面，流露出瞧不起對方、不信任對方的能力的跡象。

③鼓勵失敗者。由於某些原因，有人可能在工作中或某件事情上遇到困難或是挫折。作為同事來講，不要冷嘲熱諷，幸災樂禍，這會給失敗者在傷口上撒鹽。對這樣的同事應給予同情和關懷，幫助他度過難關困難，重新再來，這樣既解決了問題，又協調了同事間的關係。如，美國大企業家洛克菲勒的同僚貝德福，在南美洲做錯了一宗生意，賠了一百萬美元，自己悔恨不已，洛克菲勒當時不僅沒有責怪他，反而更加尊重和信任他，使貝德福感動萬分，從此更加竭盡全力為公司工作。洛克菲勒這種用人不疑、疑人不用的作風，是他事業成功的原因之一。

4.學會「拒絕」：每個人可能都有這樣的感受——當對他人的意見和看法表示出不贊成的態度時，就會有矛盾和摩擦產生。而事實上，任何人又不可能對所有人的意見和看法表示贊同，因為這是一種不負責任的表現，是一種失職行為，要解決這個問題，關鍵要學會「拒絕」的藝術。

①因人而異。要考慮被拒絕對象的性格、心胸度量、工作作風等因素，根據其心理承受能力，決定「拒絕」的方法和程度。

②因地而異。場合不同，「拒絕」的方式也要有所區別。一般來講，在人數少的情況下

交談可以隨便些，但在人多嚴肅的場合，「拒絕」他人就要十分慎重。

③因時而異。對他人初次提出意見，「拒絕」時要慎重，對於他人在遭到「拒絕」之後又多次提出的意見和看法更要謹慎，應仔細考慮對方的觀點和看法是否正確，自己的「拒絕」是否有道理和說服力。

④婉轉「拒絕」。在「拒絕」對方時，要用商討的方式，使其重新考慮自己的意見。或者不要急於明確表態，讓對方察覺你對此事有保留看法。或者暫時放在一旁作「冷處理」，經過一段時間思考後再議。總之，在「拒絕」別人時不要從自己的好惡出發，語言要平和婉轉，態度要謙遜，讓人易於接受，這樣才能創造一個良好的人際氛圍。

與下屬相處的語言藝術

與下屬相處的語言藝術具體包括個別談心、座談及談話的藝術。

個別談心是人們日常工作、學習和生活中避免和解除誤會、溝通思想、交流感情、互相幫助、共同提高的一種很好的形式。掌握這一技巧和方法，可使管理者與下屬的關係和睦、融洽的方向發展。要掌握以下幾種方法：

1. **把握對象，揣測心理**：這是個別談心獲得成功的一個前提。為解決談心對象的心理問題，事先要瞭解事情的發生、發展過程和原因，做到心中有數。同時，在談心的過程中，要隨時掌握對方心理變化和影響談心效果的幾種心理障礙，使對方消除戒備心理、試探心理、恐懼心理、逆反心理、對抗心理等等。

2. **平等地位，啟發誘導**：運用個別談心藝術，主要是採取商量討論、啟發誘導的方式進行，要以討論商量的口氣進行個別談心，使雙方在輕鬆和諧的民主氣氛中，敞開思想，辨明是非，講清道理。個別談心的效果好壞，關鍵在於管理者要調整位置，抱著平等地位的朋友態度，不能盛氣淩人。一些好的管理者在談心時常常給人啟發性、思考性的東西，留給對方長時間的回味，使下屬可以獲得有益的啟迪。

3. **以情感人**：如果雙方在談心時感情真摯，互相有親切感和信任感，就會引發心理上的共鳴，促使問題儘快地解決。相反，如果缺乏真誠的感情，必然會引起下屬的懼怕、防禦、頹喪等心理，這會在無形中拉大了雙方的距離，不僅達不到預期的目的，還會破壞良好的上下屬之間的關係。因此，在個別談心的過程中，需要創造一個感情融洽的良好

心理環境。

4. 選好「突破點」：應根據不同對象的政治素質、文化修養、心理特點，來選擇談心的「突破點」，這一點至關重要。例如：對情緒低落的，要鼓勵、關懷和體貼，不要當面指責；對有思想包袱的，態度要和藹可親，增加同理心，使自己講的能被對方認識和接受。

與下屬個別談心時，還要注意以下幾個問題：

1. 避免「沒事不談心」：與下屬個別談心本身就是思想交流的正當管道，下屬的思想變化、工作進展、升遷提拔、評功授獎、家庭糾紛等遇到挫折時，要隨時談心開導，同時又要選擇適當的時間、空間、範圍和談心的對象，使你和下屬都養成經常性的、自覺的談心習慣。

2. 做好談心前的準備：要找下屬談心，應事先從兩個方面做準備：一是要瞭解和掌握需要解決什麼問題，以及問題發生、發展過程及其相關因素。二是弄清對方的心理、欲望、動機、情緒和態度等，以便在談心時能較好地把握對方的心理和情緒。

3. 創造一個好的開端：談心是否有一個良好的開始，對整個談心過程及效果影響很大。有經驗的管理者在談心時，並不是一開始就步入正題，而是透過簡短與正題無直接關係的問候、體貼，使談心氣氛變得親切、融洽和輕鬆，待雙方有了較多的共同語言後，再逐漸向縱深發展。

4.採取靈活多樣的方式：一般來說有以下幾種談心方式——

①傾瀉式：這是最強烈的感情和思想交流方式。在對下屬的充分信任的基礎上，將自己的想法統統訴說出來，徵求對方的評判和選擇。

②靜聽式：在把握不住對方思路的時候，靜聽可以爭取時間，幫助你釐清頭緒。靜聽時，要隨著對方的情緒做出適當的反應，或微笑，或點頭，對方可以在你簡單的示意中得到一種安慰或力量。

③評判式：抓住對方談心時的空隙，恰如其分地插話，表明你的看法，有利於促進思想的交流。但是一定要防止粗暴地打斷對方的話，或不負責任地妄加評論。

④啟發式：對於不善辭令或心事重重的人，要循循善誘，盡力啟發對方吐露心聲。

⑤跳躍式：在談心時要注意話題的轉換，透過不斷地跳躍，選出雙方都有興趣的話題來談，隨時注意對方流露出的新觀點，啟動自己的腦筋，進行一番創造性的思維，使每次談心

都富有新意。轉換話題的同時又要防止過於海闊天空，離題太遠。

5.循序漸進：同下屬談心時要有耐心，不可操之過急。自己的思維要緊隨著對方的發言，分析出話中之意，體察到言外之意。要允許對方有個思考的過程、提高的過程。只要有耐心，反覆做思想工作，循序漸進，就能水到渠成。管理者因為是座談會的召集人和主持人，對會議的預期效果和成敗應負有主要責任，開得不好，不僅影響工作，還會使上下屬關係變得緊張。所以在語言上應講究方法和技巧。一般講，需把握以下幾點：

(1)**平等相待：**儘管以主管的身分召集座談，也應謙虛謹慎，平等待人，充分發揚民主，廣泛聽取各種意見。即使是反對的或不中聽的意見，也應該耐心地聽下去，並認真吸取其中有價值的部分。切忌高高在上，更不能認為座談只是一種形式，這樣不僅達不到座談的真正目的，還會引起下屬的反感，影響上下屬和睦相處。

(2)**說真話：**與下屬在座談中必須講真話，要言之有理，持之有據。對成績不誇大渲染，對問題不隱瞞迴避。只有這樣，才能言重如山、取信於人。對下屬要實事求是，推心置腹，以達到溝通思想、消除隔閡、協調人際關係的目的，要善於用可信的語言創造一個和諧、平等、信任的座談氣氛，用語言使下屬感受到自己受到了尊重，感受到上司的可親可信。要做到說真話，必須具備幾個基本的條件：

①要有與下屬共商大事的民主願望；

②要有實事求是的科學態度；

③要有接受批評的勇氣和度量，只有這樣，才能從心理上擺脫各種束縛，不僅能取得良好的對談效果，還能與下屬建立良好的信任關係。

(3)**區分對象**：由於人們的文化情趣、性格、經歷不同，而形成了不同的接受能力。在對談時應注意用語言縮短雙方的心理距離，促使對談取得良好的效果。如，對閱歷豐富、思維敏捷、接受能力強的人，語言應簡練深刻、以理釋事。而對那些涉世不深、閱歷尚淺、接受能力不強的人，語言應通俗樸實、以事明理，使對方感到親切，才會把上司當成知心人。對於不同年齡的下屬，在座談時所使用的語言也應隨之變化，以適應座談對象的心理。

(4)**簡潔明快**：與下屬對談時，應在有限的時間裡，儘量讓更多的人能說話，儘量提出和解答更多的問題。這就要求管理者的對話語言應簡潔明快。言簡意賅的句子，一經瞭解，就能牢牢記住，變成口號，而這是冗長的論述絕對做不到的。可見簡練的句子所具有的力量。語言要簡明扼要，一是要注意積累豐富的辭彙，爭取做語言的「富翁」，同時在對話時要挑選最合適、準確的詞語表達意思，儘量不用過時或很少有人用的冷僻詞語。二是要注意能用短句說清的，就不用長句，另外，恰當地選擇膾炙人口的成語、俗語、詩句、警句等也能使語言簡潔明快。管理者還要知道，語言的簡潔明快，並不完全是語言上的工夫，它還來自思想的深刻和敏銳，如果思想上沒有想通看透，單是在語言上花力氣也無濟於事。

(5)啟發引導：目的就在於使座談的氣氛活躍、熱烈。在冷場時應注意在語言上啟發引導，讓大家能夠敞開心扉，踴躍發言，展現大家的才華和智慧。你要掌握三個環節：

①冷場時，要用語言誘導啟示，如重複座談的宗旨，讓有準備的人先「**拋**磚引玉」等等；

②離題時，要善於發現「苗頭」，及時引導，使與會人員在不加框框、暢所欲言的前提下，圍繞中心，突出主題，節省時間，充分發表見解；

③談不下去時，需要分析動向，找出癥結，步步引導，使大家進一步分析更深層次的原則，找出規律性的東西來。

為了與下屬座談時取得滿意的效果，還應注意：

①不能訓導：也就是不能擺官架子，應尊重下屬、理解下屬、信任下屬，即使是需要引導的問題，也要擺事實、講道理、以理服人。生活中確實有這樣的管理者，他們往往採取命令、訓導、嚇唬、諷刺、挖苦的方式談話。這種官腔十足、盛氣淩人的語言終會使管理者失去聽眾。

②不能含糊其辭：針對下屬所提的問題和要求，態度要虛心，觀點要明確，不能遇到問題就繞著圈圈走。對於能夠馬上解決的問題，要給以肯定、明確的回答。不能馬上解決的，要把道理和情況講清楚。對於根本是非問題，更不能支支吾吾，不置可否。管理者在語言表達上少用「不好說」、「大概」、「也許」、「可能」等詞語。

③不能東拉西扯：座談是有議題、有中心的，座談的語言應有鮮明的針對性、誘導性，啟發大家圍繞中心討論問題。切忌東拉西扯，言不對題。為避免出現此類現象，除應事先明確議題，多做準備外，在會議上更要注意在語言運用上正確發揮導向作用。

與下屬談話的語言運用，是談話成功、管理有效的重要條件，也是密切上下屬關係的良好途徑。通過談話與下屬進行語言交流，從而增進理解，溝通思想，交流觀念，增強共識。

管理者需做到以下幾點：

1.語言有說理性：在談話中，需要創造一種感情充沛、能打動心靈、陶冶性情的語言環境，形成富含特定意義和哲理的氣氛，使雙方在和諧、親切、平等、協調的心理平衡中，引起下屬的思索啟迪下屬。主要把握以下幾個方面：

①說理與情感的合理交融：一位教育工作者曾說過，成功的教育應是「三分含情、七分敘理」，還有人宣導「含笑談真理」，這都是經驗之談。

②說理要和人們的合理利益結合起來：與下屬談話，不能唱高調，說空話，要考慮下屬的合法利益和要求。

③在解決思想問題時，要注意運用辯證法，提高藝術性：做到因人、事、時、地施教。因人施教就是針對人們思想上的差異，有針對性地解決問題。因事施教就是根據事情的情節、性質、因果關係等具體情況，具體處理。因時施教就是在契機成熟時因勢利導，方可取得事半功倍的效果。因地施教是講在同下級談話時要選擇好的環境條件，只有「天時地利」，才會促成「人和」的好局面。

2.語言有幽默性：在與下屬談話，幽默力量可以成為上下屬之間關係的潤滑劑。這種力量往往是以善意的微笑、委婉的勸戒、含蓄的批評來代替抱怨和指責。避免各種條件下、各種環境中的無謂爭吵，進而促成上下屬之間的關係更加融洽、和諧。幽默的語言不可缺少，但也要適度，掌握分寸，恰到好處，絕不能濫用。你還應注意，幽默雖是談話中必不可少的東西，但絕不是最終的目的。增強語言的幽默性，僅僅是作為一種手段、一種形式，它在談話過程中出現時，必須圍繞所要解決的問題，絕不能拋開中心議題。

3. **語言要具有豐富的感情色彩：**與下屬談話時不要把自己的語言與感情分離，把自己隱藏在感情的背後，把談話對象置於局外，不予理睬，講起話來空洞抽象，與談話對象背離，讓人聽到的只是一些羅列著的、乾巴巴的音節和單詞，沒有一點生機和人的氣息，這種談話方式對於雙方都是痛苦的。另一方面，語言情感的表達不是隨意的，一定要表達得真實和恰如其分。國外有位文藝理論家曾說過：「那些巨大的激烈情感，如果沒有理智的控制，而任其為自己的盲目、輕率的衝動所操縱，那就會像一隻沒有了壓艙石，而漂流不定的船那樣陷入危險。它們是每每需要刺激的，但是有時也需要抑制」。

與下屬談話時的語言還需克服以下幾個問題：

1. **克服沒有意義的語言：**沒有意義的語言在談話中，會造成許多感情交流上的語言誤差。一

方面要注意提高自己的認知水準，使自己和下屬開闊視野，增強思維，把握正確的價值取向，進而排除那些干擾預期目的的無意義語言，另一方面要注意不使用無指向語言，也就是談話時不集中、無層次、無重點、無內容、無主次的語言。這種現象出現可能有多種原因，或認知水準不高，或事先準備不充分，或口才表達能力差等。如果在談話中經常出現沒有意義的語言，就會極大地影響談話的成功率。

2.克服隨意的語言：隨意的語言一方面表現為失去原則的談話方式，另一方面是「想當然」的談話方式。你不是被動地為談話而談話，而是應該有針對性和原則性，使下屬覺得你有責任心，可以信賴。

指令要明確

在你忙得喘不過氣來之際，你當然希望有人能夠助你一臂之力，但一想到你可能要花更多的時間向下屬解釋你的工作流程，你是否因此而打消求人的念頭，事無大小親力親為，以致自己成為全公司最忙碌的人？

不管你是老闆，抑或只是一名部門主管，當你說出自己的要求與指示的時候，如何才能讓下屬對你言聽計從，成為你真正的好幫手。很多時候，下屬誤解你的意思，往往並非對你心不在焉，或是缺乏理解能力，責任可能是在你的身上，因為你缺乏發出指令的技巧，才會導致誤會產生。

這裡有一些建議，只要你遵照實行，你與下屬便能達至合作無間，融洽相處，發揮工作之最大效果。

雖然對方是你的下屬，你要記住自己並沒有什麼了不起，千萬不要抱著狹隘的階級觀念，請把你的指令儘量以和顏悅色的態度說出來，使它變成一種討論甚至是請求。譬如，你說：「○○，在下班前，不知你是否可以將這份財政報告整理好？」在交付工作之際，你要避免跟對方閒扯，應該言歸正傳，用大家所熟悉的用語簡明地講出你的意思，或希望工作完成到怎樣的效果，同時解釋你為何需要對方那樣做，如此對工作有什麼重要的影響等等。很多上司一味吩咐下屬該怎樣怎樣做，卻忽略對方的感受，把他人當作一部只是聽從指令的電腦，讓下屬一知半解，很容易犯錯誤，造成與自己的意願相違。

儘管你的時間很寶貴，但你的指示講完後，不要掉頭便走，稍微在下屬的身旁停留數分鐘，傾聽他的發問，體諒他的處境，激發他的士氣，讓對方曉得你跟他一樣朝著這個工作目標而努力。如此以身作則，你的指示才會如願以償，讓事情進行得更順利。

口頭指示的三個重點

與員工之間的大多數溝通是建立在口頭基礎上的。要想把每一條命令、每一項建議都寫下來是不切實際的，也是不可取的。但問題在於很多時候以口頭方式發出的簡單指示、請求或意見，被聽者徹底地誤解了。

不論多麼準確地表達，多麼精心地措辭，員工還是會在一些時候誤解上司的本意。文字可以表達諸多不周的事情。員工的教育背景、生長環境、智力與實力……等等因素，都可能對他們的理解能力產生一定的影響。這就是為什麼得到口頭回饋十分重要。不要太信任從員工那裡得到的簡短的「是」或點頭這類回答。他是否完全理解了指示？指示的內容是什麼？

如果員工在領悟指示時「不夠準確」，爾後會出現什麼問題？你會十分震驚地發現，有多少次資訊是被「曲解」了。

你對這種不良的結果感到非常失望，而員工卻認為自己在忠實地遵循管理者的指示行事，也因此而十分不愉快。如何減少這種誤解呢？對你來說，首先要認識到同基層員工和高層管理者對話時必須謹慎小心。要具體而準確，任何不經過周密思考的陳述都可能導致不良的結果。

1. 仔細考慮指示的內容：管理者必須認識到，自己所說的每一件事都有著更高的「重要性」，這僅僅是因為對基層員工來說，他們代表著權威：一句看似無關緊要的陳述可以說和它所達到的結果完全不相稱。管理層級或頭銜越高，這個人所說的話就越重要。任何大公司的總裁都不會輕易發表評論，因為他們不僅要思考自己打算說什麼，還要考慮別人會如何獲得和理解資訊，甚至還要想到接受者可能做出的反應。當與基層員工對話時，使用下面這份心理檢查表進行檢查：

①我想要說什麼？

②這一資訊應該告訴給誰？多少人將會受其影響？

③傳達資訊時，我擁有可靠的事實嗎？

④如何最好地表述資訊使聽者能夠理解？

⑤他們會在第一次就獲得資訊嗎？資訊需要重複嗎？

⑥聽者可能做出什麼樣的反應？他們會有不同意見嗎？

⑦需要對資訊進行「包裝」嗎？

⑧在下達指示時是否還需要當場示範？為了進行這種示範需要做些什麼工作？又應該由誰來進行示範呢？

⑨接受指示的人需要時間進行練習嗎？需要多長時間？

當利用這一心理檢查表時，在向員工傳達指示之前，必須先要慎重「構思」他們的口頭資訊與指示，這是他們分內的職責：

2.注意談話方式和態度：談話的方式與內容同等重要。用粗聲粗氣或不愉快的語氣傳遞資訊時，聽者所接收到的反應幾乎總是情緒性的，由此管理者可以預料到聽者也會以同樣的方式做出反應：當你以這種方式講話時，聽者必定對你想傳達給他的資訊感到不快。

語調與行為舉止是重要的溝通工具。指令必須傳達得準確果斷，對指令的執行必須毫無疑問。在傳達指示以後，員工應該得到一個全面的解釋，要坦率，要允許提問，要聆聽不同的意見，不要因自己是老資格就自以為是。對瞭解自己工作的有經驗的員工應給予表揚。認真思考來自員工那裡的任何有意義的修改意見，以獲得更理想的結果。

指示傳達到員工那裡並被員工所理解是問題的一個方面，員工有足夠的熱情對待它們又是另一方面。尤其在實行一套新的流程或新系統時更是如此。必須認識到人們不願意變化，他們喜歡熟悉的東西，變化是令人不舒服的。

這就是為什麼要在傳達指示時表現出積極的態度，永遠不要在傳達指示時感到歉意。試圖對目前的狀況進行改進是管理層的事。永遠不要責備管理層進行的這些改變，因為這無濟於事，員工把管理者也視為管理團體中的一部分，管理者必須採取的態度是把變革看成是必須的。因為變革的目的是為了更好，而且它一定會更有成效。對於變革將如何影響到他們自己以及他們工作的各個方面，員工有權從管理層獲得解釋。應該盡可能使這些解釋完整全面。

在傳達口頭指示時，還必須事先預料到下屬可能做出的反應。他們會提出什麼反對意見？如何回答這些反對意見？如何把無聊的抱怨與合理的關心區分開來？是否某個人比別人的抱怨更多？如何讓這個人在會議中處於「中立狀態」？

對你來說，試圖向員工灌輸團隊精神也很重要。在對新職責做總結時使用「我們」而不是「你」的稱謂、向員工徵求如何實現目標的建議等都很重要。職場管理者可以透過親身去做一些沒有人願意做的工作來表明自己對變革的積極態度。

3. 選擇好談話地點：在傳遞口頭資訊時應該考慮的一項重要因素是，到底應該在什麼地方傳遞資訊？辦公室是傳遞資訊的最安全場所。這裡是主管權威的最強象徵。對於下面這些資訊來說，選擇辦公室作為交談地點是十分恰當的：新的指示、流程的變化、需要解決的問題以及對員工進行的批評。

在很多的情況下，到員工的辦公桌前或辦公室裡交談更為恰當。例如員工可能擁有進行討論的數據和資料，而管理者又不希望打斷員工的工作。如果你希望表揚員工或對他表現出特殊的認可，到下屬的辦公室裡或辦公桌前駐足交談也是一個好辦法。

管理者可能希望相互之間的交流顯得更隨意。在大廳或飯廳裡碰到員工，向他發出你的資訊或指令，就好像一切均在不經意的時候發生的。

當需要向很多員工傳達指示或指令時，就需要使用會議室了。在工作區域之外舉行會議意味著會議不希望受到干擾。

下屬誤會你怎麼辦？

任何人都難免會誤解別人，上帝也有犯錯的時候。作為主管者有時也要受到別人的誤會，甚至是下屬的誤會。面對誤會，主管者該以一種怎樣的態度去面對，這體現著主管的管理風格和素質。對此問題的處理得當與否將會影響到你與下屬的關係和自己以後的工作運行。

1. **不要猜測對方誤會的目的**：主管在接受批評時，不應該妄加猜測對方誤會的目的。如果對方有理有據，對方的批評就應該是正確的。主管應該將注意力放在對方批評的內容上，而不要去懷疑對方批評的目的。如果主管讓對方體察到了這些情緒，對方可能不再會對主管進行批評。久而久之，主管的身邊就只有那些唯唯諾諾的下屬了，當主管出現問題時，也不會有人站出來提醒了，這種結果往往是很悲慘的。

2.不要急於表達自己的反對意見：有些主管性情比較暴躁，或者不太喜歡聽別人的意見。如果有人向他們提出批評，他們的第一個反應就是去反駁。當場立即反駁並不能使問題得到解決，相反的，還有可能會使矛盾激化。當對方提出批評意見時，主管應該認真地傾聽，即便有些觀點自己並不贊同，也應該讓批評者講完自己的道理。此外，主管應該很坦誠地面對批評者，表現出很願意接受批評的態度。

3.讓對方說明批評的理由：有些人在進行批評時，喜歡將自己的意見概括起來，雖然說了一大堆，但很難讓人明白他具體在批評什麼。如果遇見這樣的批評者，主管應該客氣地讓他講明批評的理由，最好能講出具體的事件。這樣做可以使主管更加清楚地明白自己在哪些方面還存在問題和不足。另外，還可以讓無中生有的批評者知難而退。

4.承認批評的可能性，但不下結論：有時主管對批評者所批評的事情可能還不是很瞭解，在這種情況下，不論承認錯誤，還是不承認錯誤都會使自己被動。最穩妥的辦法是承認批評者的批評有一定的可能性和合理性，並且表示對批評者的觀點能夠理解。但不應該就批評本身下結論。在此之後，主管應該認真瞭解事情的當時情況，並進行認真的分析。最終對批評者的批評做出客觀的評價。

不要讓距離造成誤會

如果你離員工過於遙遠，你就會受到脫離、疏遠員工的指責；但是，如果主管與員工的關係過於親密，會大大降低工作效率。因為離得太近，員工又會視你為孩子式的老闆，也許會失去對你的尊重。

應該與員工保持多遠的距離，的確是身為一名主管應當注意的問題，這個問題也難以處理。

不論怎樣，經理都不應該將自己與員工的關係延伸到一些親密的關係之中。而且，你也不大可能成為他們最親密的朋友，除非你具有一個充當顧問的職業技能，否則，你就冒著一種很大的風險。每個人的周圍都有一種無形的界線，不可逾越，這是一種私人生活的界線，一種內部思想和感情的界線，他們不願向外面的人透露。你應儘量使自己與員工具有某些相同的興趣，但你更應該限制自己的興趣範圍和程度。

在日常工作中，你往往容易受那些你喜歡的人的吸引。同樣的，那些喜歡你的人也容易受到你的吸引。我們在工作中與那些喜歡的人在一起花的時間要更多，相互之間瞭解得也更多，這種瞭解也將我們之間的距離拉得更近。所以，你要經常提醒自己，防止陷入一種情感

的困擾之中。你要學會認識這種危險的信號，收住自己的腳步。警告自己不要自欺欺人地以為自己花更多時間與某些員工在一起完全是出於工作的需要，絕對不可帶有個人的偏向。當你靠近個人情感的界線時，應仔細考慮一下其後果。一旦逾越，事情就可能變得無法控制。

與員工在工作中靠得太近，還會有其他的危險。首先你個人的威信有可能大打折扣。一旦你越過這一界線，會給員工造成這樣的一種印象：就是當你做出一個困難的決定時，他們以為你會站在他們一邊；但如果你的決定與他們期望值相反，他們會以為你背叛朋友。你不應該與你自己的員工以及上司保持過於親密的個人關係，這種友誼會給你在工作上帶來不便。

你與員工相處時，應該保持職業習慣。當你去看醫生時，你總是希望醫生對你的病情特別對待，但從職業來講，醫生不會對你表露任何個人情感因素，他只會把你當成病人，而這正是身為經理所需要的職業習慣。你在工作中要保持客觀性。當然，也不是絕對不能表達自己的觀點、想法和正常的情感，要注意的是界限。

經理不應捲入員工的愛恨之中。當你從自己喜歡的員工面前走過時，要提醒自己，時時詢問自己的動機，避免與他顯得過於親密。與員工保持適當距離並不是要主管者整日「神龍見首不見尾」。相反的，當員工需要你時，要讓他們隨時可以找到。

有些員工完全可以脫離自己的老闆，至少可以單打獨鬥個幾週。他們不需要時時請示老闆就可以完成被要求去做的事情。但是這種從自我開始，自行解決問題，自由完成工作的員工是極少見的。大多數員工都需要與老闆在一起、需要老闆為他們指引方向，提供支持，做出回饋，給予讚許。可是，長期與員工混在一起，又會使員工養成一種事事依賴於你的習慣。

如果經理不與員工經常接觸，員工出現問題時根本找不到，那就會失去控制，無法做出決定，致使緊急問題遭受拖延，後果是很嚴重的。因此，你應當在員工需要你時可以被他們找到。這種聯繫的頻繁程度取決於員工所處的環境，而有些員工需要的時間可能比別的員工要多一些。在你確定這種可得性的合理程度時，問題的複雜性、任務的性質、所具有的壓力、個人的能力等因素都要考慮在內。

讓員工可以隨時找到，是一種可得性。這並不意味著你要露面。可得性僅僅只意味著在員工需要時你可以出現或聯繫上。這種需要無法預知，只能是在溝通基礎上產生的一種直覺。你要將員工放在首位，讓他們可以隨時打電話給你，出現問題時可以找到你。

你還要讓員工知道，不必太依賴於你，告訴他們完全有能力自行解決某些問題。要讓員工的心態平和，只有在出現危機需要緊急援助時，才和你聯繫。至於一些小問題，就可以自行解決，不必依賴經理。你還要讓員工知道什麼時候找你最為合適。保證他能夠根據你的時間安排來控制他們的需求。最好是為你的員工提供一種在什麼時候可以找到你的規律，這樣可以避免出現相互衝突的時間安排。例如你可以讓他們知道你可能每天上午八點半到他們面前走走，或者在每個週末的下午三點半以後會見他們。

把爭執變爲溝通

工作時同事間難免會有爭執、摩擦，若處理不當，可能會擴大事端，引發更多的誤會；若處理得當，便能化火爆的爭執為冷靜的溝通，有助於誤會的解決。當然，這需要較高的智慧，聰明的你一定不喜歡衝突與爭執，那麼不妨由你來緩解僵持的局面。下面介紹處理方法：

1. **當同事哭泣時**：表示你的關切及協助的意願，但不要阻止他哭泣，因為哭泣可能是紓解情緒的好方法。給他一些時間來恢復平靜，不要急著化解或施予壓力。最後再問他哭泣的原因，如果他拒絕回答，也不必強求；若他說出不滿或委屈，只要傾聽、表示同情即可，千萬不要貿然下斷語或憑自己喜惡提供解決的方法。

2. **當同事憤怒時**：不要以憤怒回報，但也不用妥協。對你自己的意見要堅持，並表明你希望先冷靜下來，再討論問題所在。之後再詢問他生氣的原因，但最好不要長篇大論、東拉西扯。如果他後悔自己一時失態，立即表示你毫不介意。

3. **當同事冷漠時**：不要有任何臆測，你可以不經意似的問他「怎麼了？」如果他不理會，不妨以友善態度表示你想協助他。如果他因感情或疾病等私人問題影響到工作情緒時，建議他找人談談或休假。

4. **當同事不合作時**：切勿一味地指責對方或表示不滿，最好找個時間兩人好好談談。若對方因工作繁多、無法配合，則可另再安排時間或找他人幫忙；但若是純粹的不合作，則更需多花時間溝通，尋求問題的癥結及解決辦法。謹記：退一步海闊天空，說不定還能因充分的溝通而化敵為友呢！

不明白就多問

你是不是常常向上司詢問有關工作上的事？或者是自身的問題，有沒有跟他一起商量過？如果沒有，從今天起，你就應該要改變。儘量地發問，一個未成熟的部下，向成熟的上司請教，這並不可恥，而且理所當然。千萬不要想：「我這樣問，對方會不會笑我？我是不是很丟臉？」如果你這樣想，那就太多慮了。

有心的上司，都很希望他的部下來詢問。部下會來詢問，就表示他在工作上有不明白之處。而上司能夠解答，才能減少錯誤，上司才能放心。如果你假裝什麼都懂，一切事都不想問，上司會擔心：「奇怪，這個人對工作是不是真正瞭解了呢？」當上司尚未叫你前，你應先主動地去問：「關於這件事，這個地方我不太瞭解。」或者「關於這一點是不是可以這樣解釋，不知經理的意見如何？」上司一定會很高興地說：「嗯，就照這樣做。」或者「大致上就這樣好了。」將你設想不到的地方加以補充，將不對的地方加以糾正。

說到商量，很多人就會聯想到自身的事情。假如你有感到迷惑不解和苦惱的事，就應當盡量向上司提出，彼此商量。如果你跟他商量時，會麻煩對方，你最好還說一聲：「對不起！」而後退出，而對任何事都協助過你的人，你一定要去向他報告事情的經過並道謝，這是很重要的事。

「問」和「商量」，都不必感到不好意思，如果你提出問題，或有事跟上司商量，相信任何一名上司都會接受。不過，有關金錢的事，最好不要提出。除了金錢以外，任何事都可以提出，諸如工作上的難題、家中的困擾、男女感情的苦惱等。

要使上司器重自己，應儘量接近上司，造成彼此能毫無隔閡地溝通的關係。只有如此，你才真正能夠取得上司的信賴。

注意自己說話的聲調和表情

請想想，僅僅是一句話，在聲調和表情上，就有那麼多的變化。而且這兩方面，還同時都要加以注意。那就是說，一個人在聽別人說話的時候，耳朵和眼睛，都要有很強的分寸感。

有了很強的分寸感，耳朵才能辨別對方說話時聲調的細微的差異，眼睛才能辨別對方說話時表情的細微的差異。有了這樣的耳朵，有了這樣的眼睛，這個人就可以說是一個「耳聰目明」的人。

以上是在聽別人說話的時候，分寸感有什麼作用。至於我們自己說話時又怎樣呢？在自己說話時，一樣需要很強的分寸感。因為我們的語言、聲調和表情，都會傳達出某一種意義。

當我們說一句話時，別人也不只有注意我們字面的意義，同時也聽我們講話時的聲調，看我們講話時的表情。

同樣一句話，如果我們說話時，聲調不同表情不同，別人看起來這句話的意義也不同。在與人相處，這一點非常非常重要，而且應該特別加以注意。

為什麼有的人，常常被人誤解呢？為什麼有些人，原意是要安慰別人，反而惹起別人的反感呢？為什麼有些人，原意是要讚美別人，反而使人認為是諷刺呢？為什麼有些人，原意是要跟別人和好，反而引起一場爭吵呢？

首先，就是在用字措辭方面，缺乏分寸感。用了不適當的詞句，使對方發生誤會。但更多的時候，是因為對自己的說話和表情，沒有分寸感。他們以為只要把話說出來，就已經完成了任務，完全不知道聲調上和表情上的小小差異，也會把原來的意思加以歪曲、變形。

另外一方面，聲調也是一個很重要的因素。有位朋友，他說話的時候，聲調一向是很冷很硬。即使他在內心裡，對別人充滿了溫暖和同情，但他的話一出口，便好像經過冷藏一樣，變得又冷又硬。因此，他的許多表示溫暖同情的話，別人聽起來，就都好像是冷言冷語，甚至是諷刺、挖苦，至少也覺得他的話並不是出自內心，而是一種客套和敷衍。

另外還有一位朋友，他說話聲音很大，在平常還無所謂，但一到交女朋友的時候，就發生問題了。因為在交女朋友的時候，有許多比較親密的話，是不宜大聲說的。而且，一般的女孩子，也實在不喜歡她們的男朋友說話那麼大聲。

簡簡單單的一句話，也要講究藝術，只有在這些小細節上多注意，才會避免與別人發生誤會。

把人家的話接下去

從電視螢幕上，常看到這樣的鏡頭：被訪問的來賓第一時間未能把話說下去，主持人便立即作出反應，幫來賓把話接下去，使談話得以輕鬆地進行。其實，這種言談交往藝術，在我們日常生活，也很常見，只是我們不以為意罷了。

協助對方把話說下去，首先當然要全神貫注地聽對方說話，要一邊整理概括，還要判斷對方說話的原意，留意體會其語調，觀察其表情和動作姿態，然後進行綜合分析。試著想想：如果連對方的說話也理解錯誤，又如何把人家的說話接下去？

協助對方把話說下去，是對朋友的起碼尊重，也是交際應酬的基本禮儀。然而，怎樣協助朋友把話說完呢？最好的辦法，是及時地用上評語或誘導性的詞語。

例如，朋友說張三和李四為了金錢爭執起來。你如果接上「人家爭吵關我們什麼事？我最討厭聽到為了幾個錢吵架的事！」這就封住了對方的嘴巴，就像剛要進門，眼前碰地一聲把門關上了那樣，令人掃興。反之，如果接上「是嗎？」對方話匣子就打開了。當對方說得差不多時，再進一步問說「結果呢？」新的對話之路又開闢出來了。

此外，與朋友交談，還要善於聽出對方的言外之意。朋友之間，即使是很要好的朋友，說話都不願意直腸直肚，免於唐突。也就是說，說話時多留有一手。所以善於聽的要點是善於聽弦外之音。

的確，朋友之間的弦外之音，一方說，一方猜，別有一番情趣。比如，昨天你的女朋友在你面前讚美某時裝店櫥窗陳列的新款時裝，你今天便悄悄買來擺在女朋友面前，那時說有多美，就有多美。

聽說話人的弦外之音並不難，只要用心聽，並且注意對方的表情、語氣，再聯繫平時的某些跡象，是會心有靈犀一點通的。

看懂對方的反常

當一個人違背自己的心意而投其對方所好，與對方唱同一個調子時，由於自我壓抑的抗拒，必將在其語言、表情、身體等方面出現反常。而反常的特徵，一般可以從下述四個方面表現出來：

1. **語調**：話語的調子全都變輕，或者變得粗暴、刻薄。

2. **語詞**：語詞變得可笑，或笨拙重複，或語無倫次，牛頭不對馬嘴，與本人平時的語言大相逕庭。

3. **臉部**：臉部表情反常，臉抽搐、歪嘴、咬嘴唇，眼睛往下看、眨眼、眼發直、避開視線等等。

4. **身段**：屁股坐不穩，手足無措；目中無人，膝蓋或腳尖有節奏地抖動；手指尖不停地轉動桌上的東西，擺弄物品或亂摸衣服，亂摸頭髮。

當發現這些特徵後，我們還要跟蹤觀察他的變化狀態，並進行分析，從中洞悉對方的心理變化，採取相應措施以利於與對方更好地溝通。

交心—別讓誤會成為拓展人脈的絆腳石

第六章·不要將誤會帶到工作中

誤會對工作的影響不可估計，誤會有可能會讓工作停滯不前，也許會讓周圍的同事認為你是個無能之人，總而言之，對你的發展相當不利。

辦公室裡的十大禁忌

不經意的疏忽或不恰當的表現，常會讓同事間產生誤會，辦公室內的氣氛變得緊張、不自在，間接影響到工作效率。與其事後想辦法補救，不如事前隨時提醒自己。辦公室的禁忌有：

1. **切忌面無表情：**面無表情表示你漠不關心或毫無思考能力。這樣不但降低了說話者的興致，你還可能會因而減少了參與活動的機會。
2. **切忌坐立不安：**坐立不安表示不耐煩、對說話者漠不關心。
3. **切忌把玩東西：**如此會讓人以為你不安或不耐煩。
4. **切忌打哈欠：**打哈欠是精神不振、做事不認真或不耐煩的表現。
5. **切忌眼神閃爍：**眼神恍惚、閃爍不定表示心神不寧、心胸狹窄，難免讓人無法信任或賦予重任。
6. **切忌直呼他人姓名：**不論與上司或同事的交情如何，在辦公室內仍要保持公司禮儀。雖然也有情況特殊的時候，仍要視公司內的氣氛或習慣而定。

誤會對工作的影響不可估計，可能會讓工作停滯不前讓同事認為你是個無能之人，對你的發展相當不利。

7. **切忌不理不睬**：相互不理睬表示完全的封閉，很容易拉開與同事間的距離或對立，對工作有負面影響。

8. **切忌常說對不起**：每有疏忽就只會說對不起，會讓上司以為你不負責任，沒有盡心盡力，所以在道歉之外更應積極地提出改進、補救的方法。

9. **切忌找藉口搪塞**：一碰到困難或麻煩的事就推三阻四、藉口多多，會給人害怕負責、無能的印象。尤其出了錯便找藉口搪塞，更會給人成不了大器的感覺。

10. **切忌當眾發作**：不管是受了何種委屈或挫折，當著眾人的面發脾氣或者哭泣，都會讓人覺得你沒有擔當重任的能力。

不要在辦公室裡擁吻

懂得運用身體語言傳情達意的人，無論在什麼場合也是一個受歡迎的人物。在辦公室裡，如果你的上司是一個外國人，或是作風很西化，也可能會習慣以擁抱、輕吻來表達其感

受與心情；如果你朝夕與他相對，慢慢也可以學會擁吻的禮貌、技巧等等，很多時候遇到外國的客戶，大家以擁吻作為見面禮，這是很普通的事情。

在辦公室裡，不要隨便吻一個你並不太熟悉的人。儘管你只是基於一時的衝動，希望與對方分享自己的歡樂，人家會感到很詫異，可能惱羞成怒，對你產生誤會甚至惡感。此外，你要避免吻一個比你的職位較高或較低的同事，除非是對方的生日，大家鬧著擁吻祝賀。否則你吻上司的結果，人家會認為這是阿諛奉承的表現；你吻自己的下屬，又似乎依恃一己的職位，占對方的便宜。

如果在會議之後，或什麼特別的慶祝活動之後，大家互相擁吻表示友善的關係，這是值得鼓勵之事。但若無緣無故走上前輕吻對方的臉頰，卻是魯莽的行為。假如你不希望讓對方在辦公室裡吻你，你可以在對方還未採取行動以前，伸手與他互握，然後退後一些，把臉轉過一旁。

一旦發覺對方似乎不太喜歡你禮貌的一吻時應該怎麼辦？你應該趕快說：「對不起，我實在無意冒犯你！」沒有人規定你必須以擁吻表示自己的友善態度，如果你不喜歡這樣做，無須勉強自己，更不要產生誤會。

誤會對工作的影響不可估計，可能會讓工作停滯不前讓同事認為你是個無能之人，對你的發展相當不利。

同事之間親而有度

在實際工作中，有的上司與下屬相處很融洽，上司對下屬很關心很體貼；下屬對上司很尊重很支持，大家心情舒暢，幹勁十足。有的上司不是這樣，上下屬之間的關係很緊張，有的甚至見了面都不講話。與下屬處不好關係的原因是多方面的，既有管理者素質的問題，也有管理藝術的問題；既有管理者能力問題，也有管理者氣度問題……等等。其中一個很重要的原因是不能與下屬「保持距離」，有的非但不注意「保持距離」，反而發展到庸俗化的程度。因此，產生了不少上下屬之間的誤會，不能建立良好的上下屬關係就是很自然的了。

與哪些下屬相處要特別注意保持距離、避免誤會呢？一是自己的老部下：因為，跟隨自己時間久了，對自己的性格脾氣很瞭解，相互間甚至有了一定的感情。也因此往往容易隨隨便便，有的下屬甚至打著上司的旗號說話辦事，弄得上司很被動。所以針對這一類的下屬應親而有度，不可過於親密。二是自己喜歡的下屬：針對這一類下屬，管理者看中他們某一方面的能力和專長，因而容易產生偏愛，尤其當他們工作中出現失誤時，管理者往往大事化小，小事化無。這種明顯的包庇行為，最容易引起其他下屬的誤會和反感。三是專看眼色行事的人：這一類下屬也是要特別提防的。因為他們往往巧言令色，見風轉舵，有的甚至挑撥離間，打「小報告」，使本來不複雜的問題變得更加複雜化，使原本不難處理的上下屬之間的誤會越積越深。因此對這一類下屬必須保持距離，保持警惕，千萬不能因為賞識這種人或者重用這種人而傷害多數下屬的自尊心。

如何保持距離呢？起碼要注意以下幾點：第一，要注意接觸的「頻率」。作為上司，對所有下屬應一視同仁。也就是說，要對所有的下屬保持距離，不能有的很熱情，有的很冷淡。尤其在與下屬接觸中，要注意「頻率」，對自己喜歡的得力大將，也不能整天在一起，甚至不分彼此。如果接觸太頻繁，甚至下班後一起娛樂，假日一起外出旅遊，給人一種形影不離的感覺，那麼，保持距離就很難。第二，平時不可太親昵。有的上司在與下屬相處的過程中，不注意自身形象，有時說話太隨便，「玩笑」開得不恰當，因而造成下屬「沒大沒小」。有的上司與下屬手挽手、肩並肩地出現在公眾場合，給人一種輕浮的感覺。因此，要建立良好的上下屬之間的關係，不可不分場合地對下屬表示親昵，更不應該把這種親昵發展到庸俗的地步。第三，要淡化「私交」。這裡所說的私交，主要是指上司與下屬之間的個人私情，不是說上司不要與下屬打成一片，不要對下屬有感情，而是說，個人的感情要服從工作的需要。事實上，上司與下屬個人之間的私交深了，就有可能影響到自己的秉公辦事。因此，作為上司的要把下屬的注意力導引到盡心盡力做好本職工作上來，而不要有意無意地把下屬的注意力導引到與上司建立私交上來。私交深了，就談不上保持距離了。第四，要注意

誤會對工作的影響不可估計，可能會讓工作停滯不前讓同事認為你是個無能之人，對你的發展相當不利。

打好群眾基礎。上司心中要裝著所有下屬，儘管在感情上可能對某個下屬情有獨鍾，也不應該太外露。「手心手背都是肉」，只有與每個下屬都搞好關係，才能達到凝聚人心，團結共事的目的。

注意與下屬保持距離有利於建立良好的上下屬關係。管理者做的端，行的正，不搞「小團體」，不搞「小動作」，不欣賞庸俗行為，這就為創造人盡其才、各盡所能的氛圍奠定了基礎。公道正派地用人、處事，就能充分地調動大家的積極性，真正做到心往一處想，勁往一處使。

避免引起同事之間誤會的四種表達

同事當中，由於語言表達的不同，或未能全面瞭解對方的意願，或動機與效果發生衝突，雙方就會產生誤解。若不及時根除誤解，就會破壞正常的人際關係。心理上的包容、情緒上的穩定和諧是構成良好語言氣氛的基礎。同事之間意見有分歧時，應及時進行交流和溝

通，以融合情感、增加諒解。誤解的產生可能是在不知不覺中的。情緒在每個人的工作和交往中都會發生不可忽視的作用。多數的分歧和誤解常在情緒不好的情況下發生。因此，在談問題、交換看法時，要講時間、看情緒。每個人都有自己獨特的工作和生活習慣特點，如果不瞭解這些，就會引起不必要的誤解。誤解也可能發生在談話方式和場合不適宜的情況下。這時候，談話要注意把握分寸，不要咄咄逼人，這會給人造成心理上的壓力和反感。

同事之間為了避免產生誤解，在語言交談中，應注意以下幾點：

①講話要慎重，尤其是嚴肅的事情，或是鄭重的場合，語言表達要周密，不能出現漏洞。

②對同事講話要全面、客觀地理解，不能抓住枝微末節不放，無限上綱，曲解人意。

③有話講在明處，不在背後議論。背後言論的話傳來傳去往往變形，容易引起誤會。

④把動機和結果統一起來。不能因結果不盡如人意，就懷疑別人居心不良，耿耿於懷。現實中我們常聽到「好心沒有好報」的話，就是這個原因。

與性情暴躁者相處的三個原則

性情急躁者，最大的特點是容易興奮，容易發火。自我控制力差，動不動就動怒，甚至不惜與人爭鬥，和這種人發生誤會是很常見的事情。

獲得諾貝爾化學獎的范特霍夫，提出碳原子新理論之後，遭到德國有機化學家哈曼·柯爾比的強烈反對。范特霍夫當眾表示：「柯爾比先生的宏論，從頭到尾沒有推翻我研究出來如鐵一般的事實。」柯爾比是位典型的性情急躁者，他聽到此話後，怒氣衝天，不惜千里跋涉趕到荷蘭，找范特霍夫辯論。當柯爾比怒氣沖沖地踏進范特霍夫的辦公室時，范特霍夫熱情相迎接待，等柯爾比發火完，再冷靜而謙遜地闡述自己的觀點，使柯爾比很快消除了誤解。兩位科學家從此「化敵為友」，欣然攜手合作，彼此截長補短，共同為化學事業貢獻聰明才智。

這則故事對我們有所啟示，對待性情急躁者對你的誤會，最為明智的是遵循下述三個原則：

1. **冷靜**：當性情急躁者對你產生誤會時，不管他怒氣如何，你都要保持冷靜，始終保持泰然處之的微笑。這種微笑，對自己而言可以擺脫尷尬局面；對對方無疑是澆上一盆冷水。一方面可以使對方欲進不能，避免事態的發展；另一方面，可以使對方恢復理智，平息怒氣。

2.謙遜：當性情急躁者誤會你時，不管他用的語言多刻薄，語氣多生硬，都應心平氣和地傾聽，邊聽邊分析概括其意圖。如果是自己有些不周到的地方，應坦然承認，並致以謝意；如果是對方錯了，也應從中找出其所以導致錯誤結論的原因，然後採用「你說的不無道理，但是……」既保全對方自尊，又可澄清事實。

3.寬宏：「宰相肚裡能撐船。」對待性情急躁者的誤會，要顯示出自己的「海量」，以柔克剛。他吵，你不吵；他凶，你不凶；他罵，你不罵，一個巴掌打不響，干戈就動不起來。在你的寬宏大量下，對方遲早會自感沒趣，進而收斂自己。如果對方動火，你也跟著動火，針尖對麥芒，最後你自己亦將陷進難以自拔的境地。

心理學家認為，性情急躁者是膽汁質氣質的人，這種人精力充沛，熱情、直率，其情緒來得快去得快，來得猛烈，去得也乾淨，頗似六月天的雷陣雨。等雷聲過，雨點停，呈現的天空將格外蔚藍。

事實說明，性情急躁的人大多言必行，行必果，敢作敢為。同這種人交往，只要避過一時鋒芒，待其情緒平定後，再論是非比一般人容易得多，在真理和事實面前低頭也比一般人來得容易，來得徹底。在現實生活中，許多肝膽相照的刎頸之交，往往就是這樣「不打不相識」的結晶，范特霍夫與柯爾比的情誼不就這樣結成的嗎？

同事溝通的技巧

要想得到同事的信賴和好感，僅僅依賴向同事投以友善和熱情是不夠的，還要自我表述，自我展示，自我發揮才行。

同事之間的關係在生活中佔有重要的位置，在同事交往的語言中應該注意什麼問題呢？

1. **同事間要多些信任**：在日常生活裡，常會發生這種情況：你覺得跟某個人說話很無聊。要嘛這個人通常是個不喜歡說話或者言而無信喜歡說別人壞話的人。這種人只會使彼此處得更不融洽。和人交往，以自然、平實的態度表現自己，是最好的方式。以一顆謙遜的心去熱誠待人，更能使別人對你產生好感。

你和同事閒聊談到某位同事的一些缺點時。對方雖然沒有反駁你，但實際上在他心裡卻另有看法。首先他會想：你為什麼老喜歡自以為了不起？總是以說別人壞話，來提高自己的形象？其次，他會覺得你缺乏容納他人的心胸。每個人都有優、缺點，與其揭人之短，為什麼不提出對方的優點，給予適當的肯定呢？再次，他會對你不信任，因為誰知自己在什麼時候也被你在背後說壞話呢？

因此，要同事們對你有好感，就不該帶有偏見地評斷別人。如果你耐心傾聽他人說話，不打斷他讓他把話說完，你會對他有意想不到的新認識。你要知道，從任何人的談話中都會有收穫的，這就跟讀書一樣。

在和同事交往當中，你也常會發現別人對某種問題有不同的看法。社會上的人是無法以唯一的尺度去看待的，所以我們要用寬容的態度與人交往。與同事交往時，若裝模作樣地吹噓自己，以後又無法保持吹出的形象，這樣一來，同事會對你所說的話大打折扣，很難再相信你。

有良好人際關係的人，表情自在，臉上總帶著微笑。他不說話也像是在告訴你：「我正在聽，請你繼續說。」他不會讓別人看到自己自高自大，而是常以和藹的面貌與人交往，所以讓人覺得他值得信賴而與之交往。

例如你剛因工作上的一些事情被主管批評，心中感到委屈。這時如果有位同事能靜心傾聽你的描述，並心平氣和地分析你所犯的錯誤，予以安慰，那麼你就很容易打開你的心扉，坦誠地與他交往。

當然，我們不能完全相信別人，但不妨抱著這樣的態度：如對方想騙我，那讓他騙一次吧！第二次注意點就行了。而且那也是自己看人的眼光不準確，當作是學習的代價吧。有了這種觀念，與人交往時就不會再有勉強的態度，哪怕是第一次見面的人，也能很好地進行交談，建立良好社交關係。如果只是封閉自己，結果雖能與有害的人隔離，卻也會失去知己。還是讓我們開放心胸，廣交良友吧！

如果對方是長者或在社會上有相當地位的人，則要注意禮節。我們把對方看作自己的榜樣，虛心地向其學習請教，這樣，就會使自己學到很多東西，並很好地與他們交往。

2.同事間應該多些真誠：與同事相處，應該真誠，當他工作上有困難時，你應該盡心盡力給予幫助，而不是冷眼旁觀，甚至落井下石；當他徵求你的意見時，你不要給他發出毫無意義的稱讚；當他在無意中冒犯了你，又沒有跟你說聲對不起時，你要以無所謂的心情，真心真意原諒他。如果今後他還有求於你時，你依然要毫不猶豫地幫助他。

有人會問：「為什麼我要對他這麼好？」答案是：因為你是他的同事，你每天白天一大半的時間都是跟他們在一起，你能否從工作中獲得快樂與滿足，與你朝朝暮暮相處的同事有很大關係。當你在辦公室裡，沒有人理你，沒有人願意主動跟你講話，也沒有人向你傾吐談心時，你還會覺得你的工作有意思嗎？

一般來說同事之間有一點競爭、有些摩擦是很正常的現象。但是我們要懂得如何把這種摩擦降到最低限度，應該學會怎樣把這種競爭導向對自己有利的方向。

你是不是有過這樣的情形：剛剛來到新的工作崗位，你感到戰戰兢兢，如履薄冰。可是一些資深的職員，卻對你不理不睬，並且在很多事情上，故意和你作對，你覺得無可奈何。可是應當知道他們是你的同事，你必須跟他們很好地合作。首先，你不要以為自己有什麼過人之處，或者認為對方是老頑固，如果你想事事都進行得很順利，必須先學習怎樣尊重別人，廣結廣交，就是與自己不喜歡的人也要建立友誼。

3.與同事保持合適的距離：在任何時候只有和同事們保持合適距離，才會成為一個真正受歡迎的人。你應當學會體諒別人，不論職位高低，每個人都有自己的工作範圍和責任，所以

誤會對工作的影響不可估計，可能會讓工作停滯不前讓同事認為你是個無能之人，對你的發展相當不利。

在權力上，千萬不要喧賓奪主。但也不能說「這不是我的事」這類的話，過於涇渭分明，只會破壞同事間的關係。在籌備一個工作前，應該謙虛地問上司：「我們希望得到些什麼？」「要任務順利完成，我們應該再做些什麼？」

不要在背後議論別人長短。比較小氣和好奇心重的人，聚在一起就難免說東家長西家短。你一定不要加入他們的一夥，偶爾批評或調笑一些公司以外的人，倒無所謂，但對同事的弱點或私事，保持沉默才是聰明的做法。

公私分明也是重要的一點。同事眾多，總有一兩個跟你特別投機，可能私底下成了好朋友。但不管你職位比他高或低，都不能因為關係好而進行偏袒縱容。一個公私不分的人，是成不了大事的，更何況，上司對這類人最討厭，認為這是不能信賴的人。所以你應該有所取捨。

與同事相處，太遠了顯然不好，人家會誤認為你不合群、孤僻、性格高傲；太近了也不好，因為這樣容易讓別人說閒話，而且也容易使上司誤解，認定你是在搞小團體。所以不即不離、不遠不近的同事關係，才是最合適的和最理想的。

誤會對工作的影響不可估計，可能會讓工作停滯不前讓同事認為你是個無能之人，對你的發展相當不利。

有理不在大聲

和難相處的人在一起工作少不了會產生誤會，有時甚至免不了發生一些分歧、爭執，嚴重時還會鬧得面紅耳赤、不歡而散，雙方還可能因此結下怨仇。沒有以誠懇的態度詳細傾聽對方的意見和見解，而急於想知道對方的目的。產生這種誤會的主要原因不外乎以下幾點：

1. 雙方沒將問題闡述清楚，有些含糊、不坦白。
2. 雙方談話激烈，互不相讓，過分強調自己的見解和理由，而未能靜下心來，弄明白對方的真正意圖。
3. 雙方可能均具有個性，而又難以克制，時常為一點小事就暴跳如雷。

由於以上導致分歧的因素的存在，你和難相處的人之間就可能發生誤會，甚至會發展到爭吵的地步，這些都會給雙方在心理和感情上蒙上一層陰影，為今後的相處帶來障礙。

如果在工作中，你能以商量的口氣、和藹的語言、真誠地說明自己的意見、看法，可以心平氣和、開誠佈公地進行討論，則往往能消除彼此之間的誤會，建立良好的同事關係。

一般而言，和難相處的同事共事要一心從工作出發，從事業出發，絕不可隨意傷害他們的自尊心。無論是因公還是因私，都最忌諱扯著嗓子，怒氣沖沖地大聲爭吵。

中國有句老話，叫做「有理不在聲高」。散文家說：「善良的天性比機智更令人愉快，穩重的心態比伶牙俐齒更讓人佩服。」與他人意見有分歧，完全可以透過討論和協商來解決。只要出於善意，討論也同樣會令雙方像促膝談心一樣愉快。相反的，那種毫無分寸和理智的對抗，一面激烈地攻擊對方，一面拚命地維護自己，是有良好教養的人所不為，也不該為的事。

當然，不能籠統地說凡是發怒的人，看法都是錯誤的，而是說你沒有以一種好的方法表述自己的見解。討論的原則是：要用無可辯駁的事實及從容鎮定的聲音，努力不讓對方厭煩，不迫使對方沉默而達到說服對方的目的。保持冷靜、理智和幽默感。如果雙方都能讓自己專注於問題本身而不是感情用事或固執己見，那麼，討論就不至於演變為誤會和爭執，分歧也就很容易消除。

如果你的聲音漸漸提高，說出「我認為這種想法愚蠢透頂！」這樣的話來，那就是一種傷害他們的反駁了。為贏得一場分歧而和同事水火不容，是一件得不償失的事情。與他人應儘量消除分歧、避免誤會，要加強相互之間的感情交流與業務合作。你應學會在合適的場

合給予他們一定的鼓勵和讚揚。學會傾聽，學會保持耐心和理智的思考，養成良好的待人習慣，在工作中逐步提高自己的個性修養，提高自己的思想水準和文化素質，並與難相處同事搞好關係，把你所在的公司或部門建設成為一個團結和睦的大家庭。

當然，在與難以相處的人交往時，也不能對一些原則性的分歧一概迴避，必要的批評是不能缺少的，但一定要盡量避免誤會。這並不等於放棄辯護，而辯護也不等於逃避責任，反之，卻是有責任心的表現。及時、有力的辯護更能消除分歧、避免誤會，因為如果一味地遷就對方，往往會使事情越鬧越大，以致無法收場，甚至會釀成大禍。

因此，在與難以相處的人發生意見相左的情況下，應該誠懇而虛心地聽取意見，但是在對方意見不正確還要強詞奪理時，應該勇於辯護，並且要作積極的辯護。不要怕被認為是頂撞，不辯解只能使他們對你的印象更加惡化，而絲毫不會考慮到自己也有責任。沉默不語只會使問題更加複雜而難以化解。

辯解的困難之處在於雙方都意氣用事，頭腦失去了冷靜，雙方關係則是越辯越僵。但越是遇到這類棘手的問題，就越應該積極辯明，明確責任、積極消除分歧，以避免誤會。其要點主要是不要畏懼，不必害怕難相處同事的聲色俱厲，越是嚷得凶其觀點越是經不住考驗

誤會對工作的影響不可估計，可能會讓工作停滯不前讓同事認為你是個無能之人，對你的發展相當不利。

的。

1. **把握時機：**尋找一個恰當的機會進行辯解非常重要。

2. **自我反省的事項要越簡單明瞭越好：**適當的點一下就行，但要點到本質上，說明對自己的觀點有足夠的認識。

3. **辯解應該越早越好：**辯解越早，分歧消除得就越快；遲遲不說明，越拖越誤事，雙方會一直相持不下，誤會將很難避免。也許，你會感到困惑，覺得與難以相處的同事發生衝突是不應該的。其實，只要在處理這等事時有原則和保持冷靜，一樣是可以應付得瀟灑俐落，又不至於產生壞影響。記住，即使雙方意見有重大分歧，但並不表示一切都不可調和，只要你深諳以下規則，就能夠有效地避免誤會。

4. **對事不對人：**切莫把私人恩怨算在公事的帳上，這只會徒增絆腳石。試想，若對方因仇視你而處處敵對，事情只會越弄越僵。

5. **應著眼於雙方利益和價值觀，而非只著眼於自己一方：**如果萬事只有利於己方，對方當然寸步不讓，所以利己利人最有效。

6. **你要弄清自己和對方辯解的目的：**以冷靜、堅定和變通的態度去與對方商議並適當地忍

誤會對工作的影響不可估計，可能會讓工作停滯不前讓同事認為你是個無能之人，對你的發展相當不利。

讓，這往往是達到目的的最佳手段。要根據客觀的標準去解釋，凡事容忍卻不失自己的原則和立場才不會招致損失。

在這裡引用一段名言，也許會對你有所幫助：「人能成全他人，也能毀棄他人；互相幫助能使人奮發向上；互相抱怨會使人畏縮不前。只要你能理智地消除與同事之間存在的分歧，最大限度地避免誤會，就能達到團結同事的目的。」

提出建議要注意的三點

要在工作上有效地提出建議，避免被別人誤解，注意以下三點：

1. 當場直接說明。
2. 舉出具體的問題、重點，給予指示。
3. 不要感情用事。

當然，建議的時機與場所也很重要，特地把對方約到公司外面的咖啡廳，提出「從半年前我就開始一直注意……」一番話，只會讓對方覺得你很陰險。最好還是在當場即時地、率直地說出來，才是聰明的作法。

建議與抱怨不同，要清楚地舉出具體的問題，針對問題提出解決的方法。「你如果這麼做，這件事就會變成那樣，所以這樣做比較好。」如此分析道理，自然能讓對方接受。「為什麼做不到？」「你不想做嗎？」「看事不要太天真了！」像這些抽象的、感情用事的說法只會激起對方的反感，不適合在建議時使用。

以上三點當然要視情況不同而加以改變，適時應用，要研究如何建議才是點燃辦公室活力的火苗！

不把下屬當「槍」使

信任，是人際交往中的最高獎賞，它使人際交往充滿了誠摯的友情。一份信任，勝似千言萬語，給人勇氣、信心、溫暖與力量。心理學家證明：渴望信任是人類心理的普遍需求之一，據測試：被信任的兒童的學習成績大大高於得不到信任的兒童的成績。獲取成就的人百分之六十五都可以得到相當的信任。所以，古人早有高論：「不寶金玉，而忠信為寶」。為什麼要強調以忠信為寶，就是為了取信於人。

在日常工作中，信任下屬是非常重要的。可以這樣說，建立起充滿信任的上下屬之間的關係，是工作中避免誤會、獲得成功的奧妙所在。不信任下屬，把下屬當「阿斗」，當「槍」使，就不可能做好管理工作。怎樣建立起相互信任的上下級關係呢？具體應注意以下幾點：

1. 信任可以使下屬得到情感上的滿足：人的需要是多方面的，第二次世界大戰期間，美國心理學家馬斯洛把人類需要劃分為五個層次，提出了「需要層次理論」。他認為，人類的需要是分層次出現的。按照它們的重要程度和發生順序，由最低級的需要開始，向上發展到高級的需要，呈階梯狀，即：生理需要——安全需要——社會需要——尊重需要——自我實現需要。

①生理需要：這是人類最原始、最低級、最迫切也是最基本的需要。它包括維持生活

誤會對工作的影響不可估計，可能會讓工作停滯不前讓同事認為你是個無能之人，對你的發展相當不利。

所必需的各種物質上的需要。這些需要如果不能滿足，人類就難以存在下去。從這個意義上說，它是推動人們行動的最強大的動力。

②安全需要：當一個人生理需要得到基本滿足後，就希望滿足安全需要。安全需要包括心理上的安全、勞動安全、職業安全、環境安全、經濟安全……等等。

③社會需要：一個人在基本滿足前兩種需要後，社會需要開始成為強烈的動機。它包括社會的欲望和歸屬感等。馬斯洛認為，人是社會的動物，每個人都有一種歸屬於某一團體或群體的感情，希望成為其中的一員並得到相互關心和照顧，不感到孤獨，因此有與社會交往的需要。

④尊重需要（心理需要或自尊需要）：指自尊和受人尊重，這是一種社會承認。這類需要很少得到完全滿足。

⑤自我實現的需要：這是最高層次的需要。要求最充分地發揮一個人的潛力，實現個人理想、抱負的需要，做一些自己認為有意義、有價值的事情。這種需要包括勝任感和成就感。表現為有出色完成任務的欲望，喜歡承擔挑戰性工作，能廢寢忘食地工作，把工作當作一種創造性活動並取得成功。

誤會對工作的影響不可估計，可能會讓工作停滯不前讓同事認為你是個無能之人，對你的發展相當不利。

我們要特別注意下屬最高層次的需要，最大限度地滿足下屬的勝任感和成就感。在實際工作中，我們經常可以聽到有的人這樣說：「再苦再累也不怕，只希望上司能夠信任我們。」可見「信任」二字在下屬心目中是多麼有份量！從某種意義上說，信任就是對下屬的尊重，就是滿足下屬自我實現的需要。

2.信任也是一種用人藝術：古人云：「士為知己者死。」何謂知己？就是了解自己、信任自己，並充分發揮自己才能的人。一定要努力成為下屬「知己」，使下屬心悅誠服，努力工作。有人說過這樣一句話：「上司把我當人，我把自己當牛；上司把我當牛，我把自己當人！」細想一下，這句話的涵意是多麼深刻啊！首先，全部問題的關鍵，在於是否把下屬「當人」！應該尊重下屬，理解下屬，信任下屬，而不應該視下屬為草芥，把下屬「當牛」。否則，結果是完全相反的，而且帶有對抗性。一旦下屬把自己「當人」，就有可能把上司「當牛」，進而看不起你。其次，管理者有責任使下屬認識到自身存在的價值，最大限度地發揮其潛能。從這個意義上說，你的信任也是一種原動力。

3.要大膽地信任那些值得信賴的人：對那些值得信賴的下屬要委以重任，讓他們獨立地開展工作。要知道哪些下屬是真正值得信任的。毋庸諱言，信任下屬，絕不是說可以盲目地不加分析地信任每一個下屬。如果那樣，上司的存在也就顯得多餘了。信任下屬，這是從總體上說的，也就是說，對於絕大多數的下屬，既要信任，又要依靠。那麼，哪些下屬是真正值得信任的呢？這雖然很難下定義，但可以以實踐為標準，在實際工作中逐步認識和把握。例如，對在實踐中顯露出某一方面的才華並取得成績的人，你應大膽地信任他們，培養他們，使他們逐步成為某一方面的行家高手。再例如，有些人很有毅力和耐力，不輕易更弦易張。那麼對於這樣的下屬，可以充分地授權他們去處理那些棘手的難題，或單獨外出執行某項重要任務。

好上司與壞上司

如果你要避免誤解，真正贏得人心，以德樹威，協調好同下屬的關係，必須講究誠實。誠實包括實事求是，求真務實，光明磊落，待人誠懇，開誠佈公，以誠相見，表裡如一，言行一致，說到做到……等多方面的要求。作為上司，應該把下屬看成是志同道合的戰友，是

分工不同目標一致的「夥伴」。因此上下屬之間應該坦誠相見，有一說一，有二說二，不應有任何的虛偽和做作。但在實際生活中，有的上司不注意培養誠實的作風，因而遭到下屬的強烈反對，而且帶來了很不好的影響。上司一旦失去了下屬的信任，也就失去了凝聚力和向心力，人為地製造了上下級之間的矛盾。

1.要言必信，行必果，不要出爾反爾：「說話要算數」，這是下屬對上司的基本要求之一。因此，上司對自己說的話要負責，尤其是答應下屬辦的事要兌現，不能信口開河、出爾反爾。這就要求你能夠做到以下幾點：

一是說話時要審時度勢，面對現實。一時難以辦到的事，不要給下屬「吊胃口」；根本無法辦到的事或沒有把握辦到的事，就不能向下屬許願，做出某種承諾，否則後患無窮。

二是說話要留有充分的餘地。從某種意義上說，下屬總是把上司的話當「聖旨」，特別在關係到下屬的切身利益問題上，上司的一個暗示，一個許諾，都將成為下屬的一種企盼和長久的希望。因此，你說話一定要留有餘地，不能說大話，說空話，只圖下屬一時的滿意和高興。可是一旦你的許諾難以兌現，下屬就會表示出極大的失望和不滿。所以在這個問題上，寧可把話說得靈活一些，而最終的結果又比下屬預料的還要好。那麼，下屬對上司的感激之情一定會更加強烈。

三是說了的事就要辦。既然答應下屬要辦某件事，就應該全力去辦，努力辦好，而不能「只打雷，不下雨」，更不能出爾反爾，說話不算數。

2. **要講真話、心裡話，不要虛情假意：**語言是心靈之窗。有沒有真實情感，主要看是不是講了真話、心裡話，是不是能出於公心，講公道話。在這方面，有幾個場合應特別注意：

一是與下屬談心交心時，應以誠感人。

二是在評論人或事的時候，要客觀、公正，令人信服。比如，對本部門工作成績的估價，如果誇大其詞，不實事求是，就會給下屬留下狂妄自大、文過飾非的印象。

三是在工作中出現失誤或挫折時，要站在全局的立場上，勇於承擔責任，多作自我反思和自我批評，以利於下屬吸取教訓，樹立信心，進一步做好工作。最要不得的是推卸責任，好像只有自己是正確的，是早有預料的「神人」。這種事後諸葛的做法，只會造成下屬對你的不信任和不配合。

3. **要以誠待人，不要小鼻子小眼睛：**如果你講究誠實，以誠待人，這是有力量、有水準的表現。因為弄虛作假，虛情假意，可能會得逞一時，但終究是站不住腳的。因此，在與下屬

相處的過程中，要透過自己的一言一行，給下屬以強烈的誠實感，尤其要豁達大度，要能夠容得下事，容得下人。常言道：「大人不記小人過。」作為主管的應該比下屬站得高些，看得遠些，應該比下屬有更寬廣的胸懷和更高的涵養。因此，對於來自下屬的批評、建議和要求，應本著實事求是的科學態度，積極而穩妥地加以處理，切莫不可言行不一，當面說一套，背後做一套。

不與下屬爭高低

上司是否具有度量至關重要。俗話說，將軍額上能跑馬，宰相肚裡能撐船。從某種意義上說，上司肚量越大，水準越高；肚量越大，就越能夠團結人；而越是能夠團結人的人，上下屬之間的關係就越融洽。

1. 當下屬不能領會意圖時要有肚量：作為下屬應該按上司意圖說話辦事，而且應該在透徹地瞭解和準確地把握上司意圖上下功夫。因為上司的意圖有時是隱藏在報告、閒談當中，

誤會對工作的影響不可估計，可能會讓工作停滯不前讓同事認為你是個無能之人，對你的發展相當不利。

不是每一個下屬都可以一目了然的。然而，就有一些粗心大意或悟性較低的下屬，他們習慣於按照自己的思維方式來說話辦事，全然不用心體會上司的所思、所想和所要達到的目標，因而往往不能把上司的意圖貫徹到實際工作中去，有時甚至違背上司意圖說話辦事，造成不應發生的損失。在這種情況下，上司對下屬任何的指責和批評都是無濟於事的。下屬不能領會上司意圖，其實上司也有責任，不能全怪下屬。因此，要把功夫用在平時，要做到多與下屬交談，多交換意見。只有多交換意見和看法，下屬才能逐漸領會上司的意圖。

2. **當下屬某些方面不如自己時要有肚量：**下屬某一方面或某幾方面不如上司，這和上司某一方面或某幾方面不如下屬一樣是很正常的。因此，不能以自己的好惡來要求下屬，特別不能因為下屬某一方面或某幾方面不如自己而看不起下屬，或者以愛好劃線，把下屬分為幾類幾派。如果那樣做，到頭來真正吃苦頭的是自己。再比如，上司擅長文學寫作，而在某一下屬恰恰是個弱項，這時作為上司就不能「以己之長，擊人之短」給下屬出難題。如果你要求下屬十全十美，這就非常可笑了。因為任何一個人包括你本身都不可能完美無缺。

3. **當下屬誤解自己時要有肚量：**下屬誤解上司，大多是因為情況不明或上司未說清處事情的

誤會對工作的影響不可估計，可能會讓工作停滯不前讓同事認為你是個無能之人，對你的發展相當不利。

原委。因此，當下屬誤解上司並產生對立的情緒時，上司要因勢利導，主動找其談心，講清情況，消除誤解。特別是關係到下屬切身利益，比如評優、獎勵……等問題時，下屬站在自身的角度思考問題，一時誤解上司這是常有的事。作為上司，不能與下屬一般見識，更不能與下屬賭氣，好像主動找下屬交談就是「輸理」。在這方面，上司越是有肚量，則下屬就越發敬重你，上下級之間的感情也會與日俱增。

4.當下屬頂撞自己時要有肚量：應該說，任何一個上司在受到下屬頂撞時都不會無動於衷的。尤其是當下屬的頂撞伴隨諷刺、挖苦和嘲弄時，上司的反感和「反擊」情緒會油然而生。有的甚至會大發雷霆，與下屬唇槍舌劍，鬧得不可開交。作為上司一定要完完全全地避免與下屬正面衝突。因為你手中有權，最終的贏家肯定是你，但雙方「交火」之後的結果只會是兩敗俱傷。因此，從上司的角度看，當下屬頂撞自己時，一是要保持冷靜，不要使用過火的言詞刺激下屬，造成火上澆油。二是不要與下屬爭高低。當受到下屬頂撞時，如果你非要分出誰是誰非，就有可能使爭吵升級，最終難以收場。三是對頂撞自己的下屬不要記仇。一般說來，下屬頂撞上司是不好的，不可取的。縱然上司有這樣那樣的不足，也不能採取「對衝」的做法。因此，對頂撞自己尤其是頂撞得毫無道理的下屬，要寬宏大量，不要往心裡去。可以在事後一個適當的時候找其談話，給予必要的批評教育和引導，使其提高認知，改正不足。

5.當下屬批評自己時要有肚量：一般來說，下屬能夠坦誠批評上司，這本身說明下屬出以公心，以事業為重。因此，上司對於下屬的批評一定要抱持歡迎的態度，不論是正確的批評，還是錯誤的批評，都應耐心傾聽，聞過則喜，並做到三不：不打斷下屬的話，讓其毫無保留地把批評意見講完；不中途作解釋，從而迫使下屬「說半句留半句」；不表露不高興或反感的情緒，使下屬放心大膽地暢所欲言。對來自下屬的批評意見，既要聽得進，還要慎重對待，這也是有肚量的表現。因此，對下屬正確的批評意見應認真反思，積極改正，切不可當面表示歡迎，背後給下屬「穿小鞋」。對下屬不正確或片面的批評意見，應該加以分析，本著有則改之，無則加勉的態度區別對待。一般可採取「冷處理」的辦法，而不要急於向下屬作解釋。只要時間允許和無妨大局，可以在事後適當時候以適當方式與下屬坦誠交換意見，以求得共識，增進相互瞭解和友誼。

處理下屬矛盾的六種方法

在調解下屬之間的衝突之前，首先要分清楚衝突的性質，摸清楚衝突產生的原因，是利益之爭還是觀點分歧，是誤會還是感情糾葛，然後才能對症下藥。否則糊塗官斷糊塗案，只會弄巧成拙，更加激化矛盾。

具體處理下屬之間衝突時，管理者要注意以下幾個方面：

1.冷靜公正、不偏不倚：上司是下屬衝突的最後仲裁者。這個仲裁者要想保持權威，就必須以公平的面貌出現。他在別人的心目中，應該成為公正的化身，正義的代表，如果過於偏袒一方，被偏袒者自然會擁護你；可在另一方心裡，你將不再有權威性，對你的裁決也會產生成見。所以，公平視之，這是上司在處理下屬之間衝突時最起碼的原則。如果下屬與你有很深的私交。你一定要冷靜，絕不能帶感情色彩去看問題，否則將會威信掃地，使自己的命令永遠失去權威。

2.充分聽取雙方的意見：中國有句成語：「兼聽則明，偏信則暗」。在處理下屬之間衝突時，最忌諱的就是只聽一面之詞，然後就武斷仲裁。這種做法，很容易出現「冤案」，留

誤會對工作的影響不可估計，可能會讓工作停滯不前讓同事認為你是個無能之人，對你的發展相當不利。

下複雜的後遺症。即使偏聽之後做的判斷是正確的，未被聽取意見的一方也會心懷不平，這種不滿很容易造成感情衝突。所以，高明的上司在處理部下衝突時，不要急於表態，要充分聽取雙方的意見，聽取意見可以分別或召集在一起進行。一般來講，利益衝突最好分別瞭解情況，避免矛盾激化。如果發現誤會，最好讓雙方當面闡述，以得到相互諒解。

3.調解衝突的技巧：要根據不同的情況和不同對象的特點去靈活處理，常見有以下幾種方法：

①曉以大義：這種方法主要用於為了維護局部利益的下屬間所發生的衝突。現代社會的一個重要特點，就是分工嚴密，這樣可以提高工作效率，但同時也帶來了一個不可避免的缺陷，這就是各個專業分工者之間缺乏相互瞭解。如果在這種情況下雙方發生衝突，管理者應該讓衝突雙方瞭解對方的處境，在這之後，衝突雙方就會心平氣和地坐下來商議解決的辦法了。因為雙方都明白，單純指責對方是無濟於事的，只有相互配合，密切協助才能解決問題。事實上，當雙方均以企業或部門的整體利益為重，心中的怒氣就會完全化為烏有。

②交換立場：在局部利益衝突中，衝突雙方所犯的錯誤多半是考慮自己，以自己為中心，而不能體諒對方。要想讓他們互相瞭解、體諒對方的最好辦法，莫過於讓他們各自站在

對方的立場上去考慮一下問題。當雙方確實做到這一點後，可能會立即握手言和，心平氣和地協商一種積極性的解決衝突的方法。孔子說：「己所不欲，勿施於人」，正是設身處地，從他人的角度看問題而得出的結論。

③折衷調和：很多情況下，衝突的雙方均各有道理，但又各執一詞，很難明確地判斷誰是誰非。這時候，折衷協調、息事寧人是很好的解決辦法。魯迅曾講過一個故事，大家都悶在一個漆黑的房子裡，一部分人無法忍耐，揚言要掀掉屋頂；而另一部分人反對，認為如此情況會更嚴重，還不如維持現狀。於是幾經爭論，大家妥協了，決定開一個窗，顯然要是沒有激進派的大聲呼籲，就不會開一個窗，而大家就可能會憋死；而若沒有保守派的反對和牽制，大家就要因莽撞地掀開屋頂而遭受雨淋。所以，各種觀點和思維在這個社會上均有他們的地位，他們的爭論與衝突後的妥協將導致中庸。而用這種調和折衷的方式解決衝突可謂一石二鳥。

④創造輕鬆氣氛：發生衝突後，衝突雙方均抱有成見和敵意，所以在進行調解時，首先要緩和氣氛，這時選擇場合和時機很重要。調解不一定要在會議上，有時在餐桌上、家裡等地方效果會更好。在比較輕鬆的場合中，衝突雙方不帶防備心理，比較容易傾聽對方和調解

誤會對工作的影響不可估計，可能會讓工作停滯不前讓同事認為你是個無能之人，對你的發展相當不利。

人的意見，也比較容易互相諒解。管理者這時也不應板著面孔，用公事公辦的口氣說話，而應是給予適當的幽默。

⑤冷卻降溫：衝突發生之初，雙方很激動，立即調解往往收效甚微，搞不好還會火上澆油，弄巧成拙。這時，明智的管理者應暫時將雙方分開，等雙方的情緒冷卻、頭腦清醒之後，再進行調解。

⑥注意給雙方留臺階：在下屬間的衝突中，有一種情況是經常發生的：衝突雙方均知道錯了(或有一方意識到錯誤)，但礙於面子，硬撐著，互不讓步。這時要注意給雙方臺階下，以免造成僵局。

瞭解下屬要求的六種方法

下屬的需求和不滿不會明明白白地寫在他們臉上，要想避免誤會發生，充分發揮下屬的積極性，與下屬團結協作，縮短與下屬的距離，就要想方設法瞭解他們心中的需求，以下是

誤會對工作的影響不可估計，可能會讓工作停滯不前讓同事認為你是個無能之人，對你的發展相當不利。

最有效的六種方法：

1. **開會**：有時候，經常召集下屬坐在一起閒聊，談談自己的想法、困難，徵求改進工作的意見，這是很有必要的。但是，由於長期以來人們一直把「私心」和「雜念」並提，一般人不願在正式的公開場合暴露個人願望，所以這類會議往往收效甚微，不能對它抱太大的希望。
2. **深入基層**：只要端一碗飯到餐廳去吃，就可以從人們在飯桌上所發的牢騷中，聽到他們對某些人或事的意見，這對管理者是大有益處的。人們在牢騷中將要比會議中直率得多。除了公共場合外，還可以到下屬家或邀請他們來自己家中來串門子，利用私下閒談來瞭解對方。一般講，在這種場合下，對方沒有戒備心理，容易暴露出真實的想法。
3. **建立資訊網**：身為管理者，無論與下屬混得多熟，總是或多或少還有點距離感。所以當著上司的面，下屬什麼話都不敢說或不方便說。而利用資訊網則可以避開這個缺陷。可以找一些比較可靠的人，專門為他搜集下屬的意見和想法。同時，一個人的力量很有限，利用資訊網則是延長了自己的聽覺和觸覺神經。如果請秘書去蕪存菁，將整理後有價值的資訊報告上來，會大大提高效率，節省了你的時間。

4. **設意見箱：**可以在一些地方設立意見箱，下屬有什麼要求、意見，可以寫信投入信箱，鑰匙由可靠的人專門保管，定期取信。

5. **定期接待來訪：**每星期或每月有一定時間在辦公室專門接待來訪的下屬。下屬如有意見、有困難、有要求，可以在接待日來訪反映。如果你確實很忙，可以委託可靠的人代為接待。

6. **民意測驗：**可設計一些問卷讓大家進行抽樣調查，然後以個體調查結果推測群體意向，這樣的答案是比較客觀的。在瞭解大家的要求、不同類型的人的不同要求、甚至個人的個別要求之後，就等於掌握了每個人身上的發動機的鑰匙，他可以根據對方的要求，啟動這架發動機，將個人利益和集體利益有機地協調一致，使每位下屬都能自願地盡自己的最大努力來工作。

當然，要瞭解下屬的各種想法和要求，並不意味著所有事務都要他親自處理。有些具體的事情是可交給有關部門去辦。

常向下屬請教

能力再高能力再強的上司，也不可能無所不知、無所不曉，處處比下屬高明。在實際工作中，上司在某一方面不如下屬的現象是很普通的。

對於上司來說，向下屬請教也不是一件容易的事。有的上司很不善於或者很不樂意向下屬請教，究其原因，從思想深處說，主要有以下幾點：一是剛愎自用，自以為是。以為自己一貫正確，事事正確，好像向下屬請教是多餘的、不必要的。這樣的上司往往自我感覺良好，也很容易陶醉於下屬表面上的一致和服從。二是故作清高，放不下身段。這樣的上司往往把自己的外在形象看得非常重要，似乎不擺出上司的架勢就不成其為上司了。其實，這樣做是很難與下屬打成一片的，也很難聽到下屬的心裡話。三是怕丟面子，樹立不了威信。其實，越是怕丟面子就越容易丟面子。向下屬請教，本來就不是一件丟面子的事，也根本不可能影響上司的威信。因為，下屬沒有必要也不可能把上司看做是完人。在下屬看來，向下屬請教，是不恥下問的表現，是尊重下屬的表現，也是管理者的美德。事實上，那些善於向下屬請教的上司，非但沒有降低威信，丟掉面子，反而提高了威信，贏得了好的名聲。

1. **自己不懂的東西要虛心向下屬請教：**不懂就是不懂，不能裝懂，不懂裝懂就很容易鬧出笑話，真的丟了面子。事實上管理者又不可能十八般武藝樣樣精通。怎麼辦？借助下屬的力量不失為良策之一。因此，在遇到自己不懂的東西時，除了自己刻苦學習外，一定要虛心地向下屬請教，向一些內行的人請教，這樣必定能收到事半功倍的效果。有人曾說過，你向別人討教，別人會感到高興，而且一定會盡全力助你一臂之力。只要從思想上徹底改變老舊過時的觀念，很多問題就能迎刃而解了。

2. **越是碰到難題越是向下屬請教：**管理工作不可能一帆風順，碰到棘手問題是常有的事。在這種情況下，有的管理者片面地認為，向下屬請教一般問題容易有所收穫，向下屬請教重大問題可能收穫不大，有的甚至怕浪費時間擔誤事情。產生這種認識的根源，還是把下屬都看做平庸之輩，看做是不如自己。因而就不能始終如一地虛心向下屬學習，這不能不說是一大錯誤。俗話說，「一個籬笆三個樁，一個好漢三個幫」，「三個臭皮匠勝過一個諸葛亮」。越是在困難的時候，越是要得到下屬的大力支持和通力合作。而管理者越是在關鍵時刻和重大問題上及時地虛心地向下屬請教，下屬往往會表現出空前的熱情與幹勁，想辦法為你排憂解難。有時即使沒能幫上大忙，但同舟共濟、患難與共的種子已深深地播在每一個下屬的心裡，這非常有利於協調好與下屬之間的關係。

3. **在自己覺得正確的時候尤其要注意向下屬請教**：作為管理者，在自己認為沒把握的時候主動向下屬請教是容易做到的，在自己認為正確的時候仍然注意向下屬請教就不那麼容易了。事實上，在管理者自認為正確、覺得不需要徵詢下屬意見的時候，往往是做出錯誤的或片面的決策的時候。如果事先根本就沒有作調查研究，只是憑自己的經驗，那做出錯誤決策的可能性就很大。

在向下屬請教時，還要注意把握以下幾點，以取得良好的效果。

一是要真誠。向下屬請教本是一件值得稱道的事，但如果心不誠，只是做做樣子，那就容易引起下屬的反感。誠心誠意地請教，主要表現在態度要誠懇，言詞要懇切，而不是虛情假意，或者是走走過場。所以，在向下屬請教時，首先要注意打消下屬的顧慮，否則，下屬就很難暢所欲言，掏出心裡話，毫無顧慮地說出自己想說的話，特別是反對的話。

二是要拿重要問題向下屬請教。所謂重要問題，一般是指一間公司、一個部門的大事，或者是上上下下都關心的事。如果只是拿枝微末節的問題請教下屬，而重要問題喜歡個人說了算，則下屬很容易產生被愚弄的感覺，從而對上司的請教失去興趣和熱情。時日一久，你的請教也就沒有多少實際意義了。

三是要有自己的見解。向下屬請教，不能只是提出一大堆問題要求下屬回答，而應該有自己的想法，哪怕是不成熟不全面整體的想法。因為管理者是掌握全局的，對情況比較瞭解。這就要求在向下屬請教或徵詢意見前，一定要對自己提出的意見、計畫或方案進行認真思考，反覆推敲，盡可能有一個好的框架或思路，如果能形成一個初步的文字稿則更好。

四是要積極採納下屬的好意見。作為管理者，向下屬請教的最終目的，是為了改進工作，實施正確管理。因此，對下屬提出的好的意見和建議，應積極採納，切不可把下屬提出的好的意見和建議束之高閣，或者只是稱好，卻並不打算吸取其有益的成分。如果這樣做，就會挫傷下屬的積極性，也會使請教和徵求意見成為空有其名。

第七章・化解上司誤解的策略

和上司發生誤會可能是最可怕的誤會了！因為這些誤會，有可能會耽誤工作，也有可能讓上司對你產生誤解，進而影響你將來的發展。

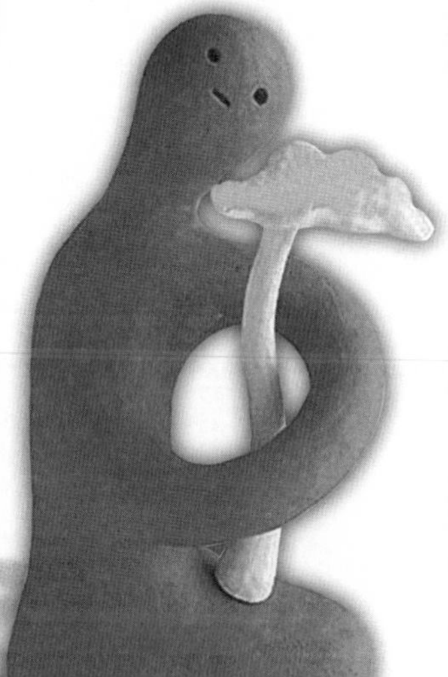

打落門牙和血吞

上司也是人，不是神，他不可能什麼事情都瞭若指掌，也會有誤會你的時候，此時你該如何做？奮起抗爭與之抗爭，還是「打落門牙和血吞」呢？比較精明的下屬大概都會選擇後一種做法。

俊傑是一家成衣有限公司的保全科副科長。他工作紮實，盡心盡力，在公司有較好的聲譽。有一天早晨，他剛走進公司大門，便被老闆叫到了辦公室。

「俊傑，你們保全科是幹什麼的，昨天晚上安排幾個人值班？值班時都在幹什麼？」老闆衝著他劈頭蓋臉就是一頓斥責，「你也有不可推卸的責任。你當月的獎金全部扣除。」

俊傑心裡不明白到底是發生了什麼事，話又說回來，即使有事也怪不上自己。昨天晚上他休假，是陳科長帶的班呀！

事後，他才搞清楚了事情的起因。原來，昨天晚上幾個盜賊潛進公司財務科，盜走了一筆採購款，老闆為此才發的火。儘管這樣，責任不在自己，為什麼要訓斥我，還要扣掉當月獎金呢？

俊傑思來想去始終想不通。心高氣傲的他，委屈得直想哭。心想，自己平時工作那麼認真，為了公司的安全付出了多麼大的心血呀！老闆平白無故為什麼要處罰自己呢？他想找老闆理論，討個說法。轉念又想：「人在屋簷下，怎能不低頭？如果為了這點事破壞了自己以往的形象實在有些不划算。打落牙齒和血吞下肚，權且當一次替罪羊吧！」

發生這件事後，俊傑並沒有把自己的情緒帶進工作中，依然兢兢業業，依舊任勞任怨，見了老闆依然彬彬有禮，好像什麼也沒有發生。

後來，警察局破獲了那天晚上的盜竊案，保全部門的陳科長因涉嫌此案被依法逮捕了。不久，公司對保全人員進行調整，充實了力量。俊傑被任命為保全部門裡的主管，負責全公司的安全保衛工作。

這就是「打掉門牙和血吞」的好處。試想如果俊傑在受到老闆誤解以後，心中不平去找老闆爭辯或一氣之下一走了之，那又怎能如今做到保全主管的位子呢？

因此在和上司相處的時候，要學會「韜光養晦」的謀略，學會把自己的委屈和痛苦隱藏起來，不但要能接受上司的各種指派，還要能夠承受被誤解、被錯怪、被無端訓斥所帶來的苦痛。不能頂撞、不能爭辯、更不能和他對衡。只有這樣，才能用內心的苦水保住你的職位，使上司不厭惡、不排斥你。畢竟上司們都是很注重自己的面子和尊嚴的，就算是他知道自己錯怪你了，也不太可能當面向你道歉，一切委屈你仍得承受。也許以後他良心發現會補償你的，俗話說得好，「吃得苦中苦，方為人上人」！

準確把握主管的意圖

正確領會和實現上司意圖，這是好下屬的重要標誌。如果說話辦事造成誤會，違背上司的意圖，那就可能「吃力不討好」，把事情弄糟。上司的意圖蘊含在檔案、批示或口頭指示之中，要靠下屬去理解、體會，有時還要向上司當面詢問、請教。

要準確理解和把握上司意圖，特別是出色地完成上司個人交辦的事項，協調好與上司的關係，以下三點不可忽視。

1. **要積極為上司意圖的形成獻計獻策**：上司意圖形成以後，作為下屬必須堅決貫徹，全力以赴地去實現上司意圖。但是在上司意圖形成以前，下屬完全有可能也應該積極地為上司瞭解情況、提供資訊和參考意見。這時，下屬應勇於對上司直言建議，據理力爭，補充、修

和上司發生誤會可能是最可怕的誤會了！因為這些誤會，可能會耽誤工作，進而影響你將來的發展。

正，甚至推翻上司的意見。這絲毫不是對上司的不尊重，而是對事業、對上司高度民主、負責的表現。事實證明，這種「參與」越深入，下屬就越能真切、準確地領會和把握上司意圖，執行起來也就越是能夠得心應手。

2.要正確「發揮」，不要自作聰明：由於上司與下屬的年齡、經歷、經驗、所處的地位和所負的責任等情況不同，所以，一般情況下，下屬對上司意圖的認識和把握存有一定的差距。這就要求下屬在實現上司意圖的過程中，既要忠實地按照上司的意圖辦事，又要創造性地開展工作；既要按照上司的意圖正確「發揮」，又不要自作聰明、越俎代庖。有把握的，不必事事向上司報告；把握不大的，千萬不要自己合理想像，還是要及時向上司請示，求得明確的答覆。這樣，一是便於上司掌握情況，二是便於上司及時發現問題和糾正偏差。事事處處「不謀而合」，才是最好的結果。

3.要努力加強自身學習和修養：作為下屬，要成為貫徹上司意圖的得力助手，就必須刻苦學習與本職工作有關的專業知識，不斷提高觀察、分析和解決問題的能力和水準。要善於與各方面的人交朋友，「眼觀六路，耳聽八方」，深入實際調查研究，善於集中各方面的意見，並把這些意見轉化為自己改進工作的措施。只有自身的能力、水準提高了，才能善於領會上司意圖，正確貫徹上司意圖，從而不斷密切上下關係，創造性地做好工作。

領會主管的暗示

暗示，即是用間接的、含蓄的方式表述自己的意見、態度。在與上司相處的過程中，不能不懂得上司對你的暗示。為了維護上司的尊嚴和威信，你也不能不及時準確地給上司主管某種暗示。這種相互暗示的過程，便是配合默契的過程。如果不懂得暗示中的技巧，恐怕發生誤會是在所難免了。

先說怎樣領會上司的暗示：

1. **要學會「聽話聽音」**：語言是心靈的視窗。上司的想法、觀點、意圖等都會通過他的言談表現出來。因此，好的下屬完全可以「聽話聽音」，與上司「心有靈犀一點通」。聽出上司的弦外之音，並盡可能地滿足上司的要求，這是贏得上司信任的重要方法。當然，上司也會透過旁敲側擊、點到為止等方法，及時暗示你不該說什麼和不該做什麼。這種暗示有時很深沉，很含蓄，不用心體會是不能明瞭其中的意思的。

2.要善於察言觀色：上司的一個手勢，一個皺眉，一個呵欠，有時就可能表達一種他不願用語言來表達的意思。因此，你必須留心觀察上司的喜怒哀樂，以把握上司心理，做好自己的工作；不善於體察上司神態的人，往往會在上司面前「碰釘子」。有的下屬喜歡我行我素，以至於上司對他反感甚至有較大看法時還全然不知。這是必須防止的。察言觀色，也並不完全是時時處處都看上司的臉色、眼色行事，而是要做到「善解人意」。

3.要有一點「敏感」：在上司身邊工作，說話辦事呆頭呆腦是不行的；太精明，整天神經過敏也不行。要做到靈活、機靈、靈敏。作為下屬，有時需要有點「敏感」。並善於舉一反三，這樣才能適應上司對你的要求，協調好與上司之間的關係。

關於下屬如何給上司必要的暗示，這裡只舉兩個例子，順便發表一點感慨。

第一個例子：《韓非子》載：楚莊王執政三年，從來不發什麼命令，在政治上也沒有什麼作為，文武百官莫名其妙。有一天，右司馬在馬車裡悄悄對莊王說：「大王啊，我聽說有一隻大鳥棲息在南山之上，三年不飛、不叫、不理羽毛，沒沒無聞，這是什麼道理呢？」楚莊王答道：「三年不動翅膀，是為了讓羽毛更加豐滿；三年不飛不叫，是為了窺看民間的情形。雖然不飛，但一飛就沖天；雖然不鳴，一鳴就驚人。你所比喻的意思，我知道了。」這個例子告訴我們，暗示上司的時候，要儘量委婉一些，表述時要點到為止，讓上司自己領悟，說得太「白」了，就失去了暗示的意義。

第二個例子，《左傳》中有個故事：晉靈公勞民傷財要建九層高臺，並下令臣屬不得勸諫。大臣荀息笑著說：「大王，我給你表演個小把戲吧！」問：什麼小把戲？答：我可將九個棋子堆壘起，上面再加十二個雞蛋。晉靈公很感興趣，讓他表演，荀息把棋子堆完，又把雞蛋一個、兩個地加上去，這時晉靈公情不自禁地喊道：「危險！」荀息淡淡地說：「這沒什麼，還有比這更危險的呢！」接著痛切地說道，「大王為造九層高臺，到處徵集民夫，造成地無人耕、布無人織，國家已近潰亡，還有比這更危險的嗎？」晉靈公幡然醒悟，於是下令停建高臺。這個例子告訴我們，暗示上司的方法要因人而異，因事而異，要善於動之以情，曉之以理，使上司在不知不覺中接受你的暗示。

和上司發生誤會可能是最可怕的誤會了！因為這些誤會，可能會耽誤工作，進而影響你將來的發展。

往上司臉上貼金

心理學研究指出，正常的人都是很重視面子的。懂得這個道理，求朋友辦事就方便了許多，只要你能放下自己的面子，給朋友一個面子，相信你會獲益匪淺。

朋友相交，要善於利用面子。往朋友臉上貼金，朋友只會高興，只會感激你。就比方說，你有喜事臨門，朋友來向你道賀，你要說：「沾你的光，託你的福。」這樣一說，就使你自己的光彩暗些，朋友的面子則光些。

即使對朋友的所作所為，你有意見，說的時候也要給朋友面子。你總得先說：「你的某某事做得挺好，效果、反應都不錯」，然後，你再用「就是」、「但是」、「不過」等來做文章。誰都知道「但是」後面的才是真正要說的話，但前面的話一定要說，因為它不是假話，也不是廢話，而是為營造一種和諧氣氛的客氣話。你若直來直往，對方必然會覺得你掃了他的面子，心中會大起反感。所以，曲線救國，拐彎抹角的話少不了。

給面子要給的恰當，不恰當就是不給面子。如果被請的人面子很大，而又未受到應有的待遇，則成了極傷面子的事情。

假如你在交際的過程中，不僅沒能讓朋友欠你個情，反而造成誤會，傷了人家的面子，那麼，你還得學會補償。

倘若你的傷害是無意的，傷害的程度又不大，這時，你立即去補償，一般都能化解誤會，不致釀成大禍。怎麼補呢？一是趕緊說對不起，趕緊降下身份，將自己的面子放到一邊。二是如果對方的面子本來就大，便只好自己打耳光，罵自己有眼不識泰山。總之，是以貶損自己，來相應地抬高對方，補償他的面子。

面子像人的衣服一樣，可以遮掩身價；面子可以作假，但情感卻是真實的。面子有大有小，情感也有深有淺，但情感的大小不以面子的大小為轉移，只以內心的體驗為依據，因而比面子更真實。出於面子而為人辦事，難免敷衍，或盡力不盡心；出於情感而為人辦事，則會盡心盡力，兩肋插刀。所以善用面子，是為了讓朋友欠你個人情，如果這人情是真實的東西，就不怕他辦事不盡心，不盡力。

對上司這樣的朋友來說，上司也是凡人而希望有朋友同喜樂，解哀愁。下屬如果對上司能做到隨時關心，那麼主管自然會在心中將你當成朋友。

平常你的主管身體健康，精力充沛，在工作上也頗得心應手，公司內的人都認為他很有前途，可是某一天，他顯露出悲傷的臉色，很可能是家中發生了問題。他雖不說出來，一直在努力地抑制，可總會自然而然地在臉上流露出苦惱的表情。對這位主管來說，這實在是件很尷尬的事，為了不讓部下知道，表面上極力裝得若無其事。午餐後，他用呆滯的眼神望著窗外，此時，他那迷惑悵然的臉色，已失去了朝氣。你對這種微妙的臉色和表情之變化，不能不予以注意。你應盡你最大的設想，找出主管真正苦惱的原因，並對他說：「經理，家裡都好嗎？」以假裝隨意問安的話，來開啟他的心靈。

「不！我正頭痛呢，我太太突然病倒了！」

「什麼？你太太生病了！我怎麼一點都不知道？現在怎麼樣？」

「其實也不需要住院，醫生讓她在家中靜養。太太生病後，我才感到諸多不便。」

「難怪呢！我覺得經理你的臉色不好，我還以為你有什麼心事，原來是你太太生病了。」

「想不到你的觀察力這麼敏銳。我真佩服你。」

他一面說著，臉上一面露著從未有過的笑容，此刻可以知道你成功了。在人生最脆弱的時候去安慰他，這才是當部下的人應有的體諒和善意。上司由於悲傷，心靈呈現出較脆弱的一面，我們更不應再去刺激他，而應當設法讓他悲傷的心情逐漸淡化。上司的苦惱，在尚不為人知曉前，自己應主動設法瞭解，相信你的這份善意，即使是「鬼」也會受感動的。自然，這以後，上司會心甘情願地幫你辦事。

但同時要注意，下屬與上司的交往畢竟還是有顧忌的。不能喪失自尊像個跟班似的跑在上司後面，大事小事都隨聲附和，連上司不願人知的隱私也去刺探，甚至為表示親近關係還四處張揚。或者不看別人臉色，到別人家裡一坐就是半天，喋喋不休，佔用上司已安排好的時間。這些交往的分寸若不掌握好，成為「粘粘糊糊」的人，受到不歡迎就不會有真正的交往。

許多老練的人都懂得，在主管把某些事故的責任推到你身上時，也必須「忍」。在日常生活中，尤其是在工作過程中，很可能會出現這樣的情況，某件事情明明是主管耽誤了或處理不當，可在追究責任時，主管級卻指責你沒有及時彙報，或回報不準確。這時候很重要的一點就是，必要的時候也必須要甘心情願為上司主管揹黑鍋。這樣，儘管眼下自己會受到一點損失，挨幾句批評，但到頭來，自己仍然會有相當大的好處，事實證明當初的想法和做法是正確的。

在這裡還應該特別指出的是，在一些小事情上，特別是沒有太大關係的事情上，上司若對你有所誤會，就大可不必去申辯。因為，上司總是希望大事化小，小事化無，希望不出大亂子，希望大家都聽他的。如果你為了一點小事便不厭其煩地為自己申辯，以至於給主管造成過多的麻煩，那麼儘管你的申辯是正確的，有力的，其客觀效果也並不好，反而會使上主管討厭你，認為你心胸狹窄，斤斤計較。

被上司誤解時要忍著點

不僅管理者應有肚量，下屬也應講究自身的氣度。尤其是受到上司誤解和不公正批評時。客觀事物是複雜的，人們主觀認識在反映客觀事物時往往帶有侷限性。因此，下屬有時受到誤解和不公正批評，首先是要做到顧全大局，不計較個人的名利得失，要認真地把上司的話聽完，並做到不當面解釋和頂撞。其次是要有良好的心理素質，要沉得住氣，不往心裡去，從積極的方面去理解上司一時的誤解和批評，做到不耿耿於懷，不妨礙工作。其次是要善於給上司下臺階。最好的辦法，是你及時向上司彙報一些情況，使主管明白是誤解了你，對你批評錯了，從而消除誤解，增進相互瞭解和友誼。當上司認識到自己誤解了你和批評錯了，也會主動向你表示歉意。這種表示不一定就是內疚的反省和自我批評，很可能是一種「暗示」，是幾句「我當時考慮不周」，「我這人有時性子急」之類的話。這時，你千萬不要覺得主管不夠誠懇，因為這種「表示」含有許多「潛臺詞」，沒有明說的話都在其中了。若你善解上司的心意，會使主管覺得你成熟，可以信賴。在這方面，要防止發生這種情況：上司一表示歉意，你便一把鼻涕，一把眼淚，想把一肚子的委屈全倒出來。如果真這樣做，會使上司反感，覺得你太脆弱，經不起風浪，辦不了大事。

與上司交往的十條法則

處理好與上司的關係是有規律可循的，一般應謹記以下十條原則：

1. 瞭解上司：孫子兵法：「知己知彼，百戰百勝。」應該弄清楚你主管的背景，他在公司中

的歷史，以及他的工作習慣、事業抱負與個人喜好。不要武斷地下結論。例如上司沒有上過大學，你可能懷疑他會嫉妒你的學位。但事實上，他很可能認為有了工商管理碩士當下屬是很體面的事呢。

2. **態度積極：**成功的主管大都樂觀進取，而且希望下屬也是採取同一看法。積極的作風並非只是一種策略，而且是一種態度。一位幹練的下屬很少使用「難題」、「危機」或「挫折」等字眼，而是以「考驗」、「挑戰」來形容困難的情況，然後著手擬訂解決的辦法。跟上司談到同事時，只說他們的長處而不要說短處。這樣做既有助於你和別人的合作，亦能增進你善於與別人相處的聲譽。

3. **說話簡明：**時間是主管最寶貴的東西，所以言簡意賅至為重要。所謂簡潔，並非急急忙忙將許多事情一口氣講完，而是能選擇重點，說得直截了當而又清楚明白。

4. **寫公事便箋最好只限定一頁：**如果必須提出詳盡報告，也要附上一頁摘要。文筆好不但可以展示寫作能力，更能反映思考能力，所以下筆前務必先徹底考慮整個問題。善於傾聽的人不僅能聽見上司說些什麼，而且能聽懂他的意思。如此才能夠把握重點，回答得中肯。

5. **要注意緩解神經緊張，凝神聆聽上司說話：**保持目光接觸而不瞪視，作筆記。主管說完之後，你要等待一下，用心體會他的意思。然後，提出一兩個問題，弄清楚幾個要點，或者將主管的話扼要的復述一遍。記住：上司賞識的是那些不必一再叮嚀的人。

6.**信守諾言：**下屬的長處只要能抵消短處而有餘，上司便會容忍。最不能容忍的是言而無信，如果你表示能完成某項任務而結果沒有做到，你的主管便會懷疑你的可靠性。發現自己力有未逮時，應儘快報告上司。他雖然會因此覺得不快，但比起日後才發覺會輕微得多。專業管理顧問狄朗尼說：「寧可讓人知道自己犯了無意的過錯，也不要有意地去犯錯。」

7.**自己解決困難：**下屬解決不了自己的困難，就會浪費主管的時間和損害他在公司的影響力。因此，如果你能處理自己的困難問題，則不但有助於培養自己的才能和建立必要的人際關係，而且還可提高你在主管心目中的價值。

8.**圓通委婉：**如果想提出主張，應儘量搜羅可用作支持的事實，然後用適當方式將這些事實加以說明，好使你自己的主張成為理所當然。盡可能設法讓上司說出這個意見。

9.**提供幾個辦法讓上司抉擇也是個良策：**不要未經思考就立即拒絕上司提到的一項建議。他也許已看到這項建議有某些優點，否則不會徵詢你的意見。如果到頭來你還是不贊成，應

該用問話方式來表示反對，例如：「我們可以這樣改變而不妨礙工作的進行嗎？」如果你說明你的反對是根據他所不知道的有關資料，那就再好也沒有了。不要害怕向主管報告壞消息，不過要注意技巧。比起一味奉承上司使他犯錯而不自覺的下屬來，願意委婉地指出上司錯誤的人最後會有更好的結果。

10. **早到而不遲退：**勤勞工作足以顯示熱誠與忠心。想多工作一些時候應在上班之前，而不應在下班之後。因為早上精力充沛，你不會感到疲乏。而且，早到還表示「急於著手工作」，遲退則表示「工作還沒有做完」。切勿因為想跟主管維持良好的關係而過分操心，以致妨害你的創造能力與生產能力，儘量做好自己的工作乃是對待上司的最佳辦法。

對上司說的四種錯話

有時在主管面前說錯了話，雖不至於掉腦袋，但後果卻也會很糟糕。

俗話說：伴君如伴虎。上司畢竟不像一般同事，何況一般同事之間也應該注意分寸，不

和上司發生誤會可能是最可怕的誤會了！因為這些誤會，可能會耽誤工作，進而影響你將來的發展。

能太無所顧忌。所以與主管相處，就更應該注意，平時說話交談，彙報情況時，都要多加小心。特別是一些讓主管不快的話，就更要注意。如不經意地說出：「太晚了！」這句話的意思是嫌主管動作太慢，以致快要誤事了。在主管聽來，肯定有「幹嘛不早點」的責備意味，你看這話能說嗎？

1.對主管說「這事不好辦」：主管分配工作任務下來，而下屬卻說「不好辦」，這樣直接地讓主管下不了臺一方面說明自己在推卸責任，另一方面也顯得主管沒遠見，讓主管沒有面子。

2.對主管說「您真讓我感動」：其實，「感動」一詞是主管對下級的用法，例如說：「你們工作認真負責不怕吃苦，我很感動。」而晚輩對長輩或下級對上級用「感動」一詞，就不太恰當了。尊重主管，應該說「佩服」。如：「經理，我們都很佩服您的果斷。」這樣才算比較恰當。對主管說：「不行是嗎？沒關係。」這話是對主管的不尊重，缺少敬意。退一步來講，也是說話不講方式方法，說了不該說的話。

3.對上級的問題回答「無所謂，都行」：過度客氣反而會招致誤解。和主管說話應該小心謹慎，顧全大體。但顧慮過多則適得其反，容易遭受誤解。因此應該善於察言觀色，以平常心去應付，習慣成自然，對這類情況就可以應付自如了。如果想克服膽小怕事的心態，有時越是謹慎小心，反而更容易出錯，會被上司誤認為沒有魄力，不值得重用。

4. 對主管說「你不清楚」：這句話就是對熟悉的朋友也會造成很大的傷害，對主管說這樣的話，更加差勁。在許多時候常常可以聽到職員私下議論：「○○科長的話可不能全信，不然，保證要吃虧……。」「誰叫你光聽他嘴上說的，要仔細體會。」善於體會主管話中的意思，是每個職員必須具備的能力。

有的主管比較尊重職員，所以在拒絕職員、下屬的提案時，充分考慮職員的工作熱情和自尊，而不願直接點破，他們往往先給你以肯定，然後指出你的意見同全局的不同之處。這種主管，表面看來似乎是先摸後打，實際上是很費苦心的。作為下屬，應該善於體會他話中的意思，理解主管的用心。

比如當你對主管提出意見時，他說：「你的意見很不錯，不過有些地方同我們的整體部署稍稍有些矛盾。」此刻你就明白主管話中的意思，不再去強調你的意見如何合理，主張如何正確，不要逼著主管作明確的表態。這個時候你應該說：「這不過是我個人的一點看法，如果和公司的全局有矛盾，您就以大局的發展為出發點。」這樣一來主管必會感謝你的通情達理，兩人之間將達成一種默契，這是再好不過的了。

維護上司的權威

對主管說明看法，不要選用那些過於肯定的詞語或方式，而是要用建議的語氣委婉地加以表達。

下屬應保持對主管的尊重，切不可流露出對上司意見不屑一顧的神色。一定要把談論工作和個人的能力或尊嚴區別開來，時刻去留意，不能把工作的看法誤當做對人的看法；也不能讓對方誤解，認為自己對主管本人有看法。

只要上司主管感到，你仍然是維護他的權威，你的意見是針對工作而非是藉工作之名而行人身攻擊，他們多半會冷靜下來，仔細考慮你的想法。只要你處處替主管著想，主管不是沒有體會的，他最終定會被你的忠誠所感動。

與上司談論問題時，還要注意方式方法，一般來說，要以一種能讓上司更容易接受的方式來說明自己的想法。語氣要溫和，言辭要中肯，重要的是要有分析、有根據，條理清晰、能夠說服別人。

下屬一定要清楚，主管始終是權威，擁有最終的決策權，而你只不過是一種建議或參謀。對主管說明看法，不要選用那些過於肯定的詞語或方式，而是要用建議的語氣委婉地加以表達。比如說，「是否可採用這樣的方式」「我想這樣是不是會更好些」「也許這些看法會對您的計畫有所補充」「我覺得應該向您反映一些情況」等等。

向上司提建議還要選好時機和場合。在公開場合不如私下裡提建議好。事已確定就不如事情尚處醞釀中提建議好。主管正在發脾氣時說就不如等他心平氣和時提建議好。主管心緒低落時就不如主管較得意時提建議好。總之，下屬應根據主管的性格、情緒、環境等，伺機而動，選擇一個最能使他接受別人意見的機會。

下屬在與上級說話時，切勿激動，而是要時刻提醒自己，即使自己是對的，也要注意態度、方式方法和時機問題，不要衝撞對方，引起上司主管的怒火，使他對你怨恨在心。

要讓上司對你另眼相看

要想爭取上司的信任，當然不是一朝一夕。有人認為「比其他人做更多的工作，超時工作」才是最重要的，但這只是老觀念而已。新一代的老闆則認為：工作並不算繁重，卻要趕時才可完成，這是低智商行為。

要想使上司對你另眼相看，最實際的是在工作盡責外，還要學會每一個流程的進行。注意你上司如何做他人的工作，怎樣與高層行政人員溝通，其他部門又擔任什麼角色。當你成為這個行業的專家時，老闆當然會對你青睞有加。

如果你能幫助上司發揮其專業水準，對你必然有好處。例如，上司經常找不到需要使用的檔案，而你儘快替他將所有檔案有系統地整理好。要是他對某客戶處理不當，你可以得體地幫他把關係緩和。如果他最討厭做每月一次的市調報告，你不妨代勞。這樣，上司覺得你是好幫手後，你自己也可以多儲備一些工作本錢。

要想自己名利雙收，不可只滿足於做好自己份內事，還應在其他方面爭取經驗，提升自己的工作「價值」，即使是困難重重的任務，也要勇於嘗試。分析一下哪些問題才應勞煩老闆注意，如果真有難題，請先想想有什麼建議，更不應投訴無法改變的條例。

與上司保持良好的溝通。這種技巧十分微妙，給上司簡潔、有力的報告，切莫讓淺顯和瑣碎的問題煩擾他，但記得重要的事還是必須要請示他。

耐心尋找上司的工作特點，以他喜歡的方式完成工作，不要逞強，更不要急於表現自己。隨時隨地，抓緊機會表示對他忠心耿耿，以你的態度說明一個事實：我是你的好朋友，我會盡己所能為你服務。「言必行，行必果」，說出的話要算數。不要以為上司很愚笨。如果你真的努力這樣做，他會看在眼裡，一定會很明白你的意思，對你日漸產生好感。

聽到對公司有什麼不利謠言或傳聞，不妨悄悄地轉告上司提醒他注意。不過，你的措詞與表達方式須特別注意，說話簡明、直接為最佳方式，以免發生誤會。

適應不同上司的工作方式，也是白領人士必須懂得的技巧。如何去適應一點也不困難，只要本著誠意去與對方接觸，摒棄一切主觀看法或者其他同事的不正確意見即可。

上司向你交代任務後，你必須先瞭解對方的真意，再衡量做法，以免因誤會而種下惡根或招來不必要的麻煩。

誰都知道與上司建立良好的工作關係，對自己的工作是有百利而無一害。自己做錯了事，不要找藉口和推卸責任。解釋並不能改變事實，承擔了責任，要努力工作以保證不再發生同樣的事，才是上上之策，同時得虛心接受批評。

要使上司信任你和準時完成工作。做任何事一定都要檢查兩次，確認沒有錯漏才交到上司面前。謹記工作時限，若不能準時做好，應預先通知上司，當然最好不必這樣做。必須圓滿地把工作完成，不要等上司告訴你應該怎樣去做。

上司願意選擇你做為他的下屬，他對你的印象自然很好，你必須丟開對上司的偏見，事事替他著想，把他的事當成自己的事。很多下屬對自己的上司，都會有以下的評論：他的命運比我好，但辦事能力卻遠不及我，卻表現出不可一世的樣子，只懂得一味批評下屬的工作做得不好，一旦問題真正出現之際，他卻推卸責任。誰也無法從他那裡得到明確的指示，大家都認為他不是一位好上司，奈何在現實生活裡，每個職員都要服從他的命令。你感到很氣憤，不過，請你不要忘記：每個人都不是十全十美的，在公司裡與其明爭暗鬥，甚至兩敗俱傷，不如努力與每一個人合作愉快。孔子不是告誡人們「小不忍，則亂大謀」嗎？你應該檢討一下自己的態度，學會與公司裡的每一個人做朋友。

不要妄想在短短數個月內，便可以完全改變上司的性格。儘管上司沒有要求你把過去的工作記錄拿給他看，你也應該把它們整理妥當，主動呈交給上司過目，讓他明白你的工作能力，對他忠心耿耿，上司自然會對你增加好感，不再盲目挑剔你的工作方法。

所以說，我們在工作中最應做的是支持、愛戴你的上司。自己常常站在他的立場想一想，你會發現對方有許多不得已的苦衷，無論遇到任何工作上的困難，對上司都不可過分依賴，避免與他發生任何正面的衝突。尊敬你的上司，你會發覺對方慢慢開始接納你的意見。

讀懂主管，贏得賞識

主管賞識，同事讚揚，不能光靠嘴，與主管相處領會主管的意圖，讀懂主管，最能考驗一個人社交能力。我們經常聽到主管說某某人「悟性好」，也經常聽到主管抱怨某某人「死腦袋」。由此可知，善於領悟主管意圖是會表現的重要方面。

李續賓是曾國藩手下善於揣測其意圖的愛將。有一次，曾國藩召集眾將開會，分析當時的軍事形勢時說：「諸位都知道，洪秀全是從長江上游東下而佔據江寧的，故江寧上游乃其氣運之所在。現在湖北、江西均為我收復，僅存皖省，若皖省克服……」

此時，李續賓早已明瞭曾國藩的意圖，於是順勢道：「大帥的意思，是想要我們進兵安徽。」

「對！」曾國藩讚賞地看了李續賓一眼，「續賓說得很對，看來你平日對此早有打算。為將者，踏營攻寨計算路程尚在其次，重要的是要胸有全局，規劃宏遠，這才是大將之才。」

獲得主管支持的方法

在工作中尋求有效的工作成績，獲得大家的認可，首先要在工作中取得主管的支援，這才是我們每個人的工作目標。在這個過程當中，懂得怎樣調動上司的積極性，是一條行之有效的捷徑。

美國著名管理學家杜拉克說：「運用自己上司的長處，才是部屬自身有效性的關鍵，唯其如此，部屬的貢獻，才能獲得上司的支持；也只有如此，部屬才能完成其本身的見解。」

那麼，如何才能觸動上司的積極性呢？首先要瞭解上級，適應上級。作為下屬，應該準確知道上級的長處和短處，以及他的工作習慣，要積極適應上級的習慣。

與上司交談時要注意：不可鋒芒畢露，咄咄逼人。下屬的聰明才智需要得到上司的賞識，但如果在主管的面前故意顯示自己，則不免有做作之嫌，上司會因此而認為你恃才傲慢，盛氣淩人，而在心理上覺得你難以相處，使彼此之間產生隔閡。

其次，要讓上司自己去權衡選擇，做出最後的決定。當下屬發現上司的決策、意見有錯誤和失誤而提出忠告時，不是直接去點破錯誤、失誤，而是用徵詢意見的方式，向上司講明其決策、意見本身與實際情況相違背，使上司在參考你提出的眾多資料時，自己得要整理出你所要說出的正確結論。

最後，要體諒上司主管。上司主管在整個高階主管的組織中，由於受到主、客觀條件的限制和制約，難免會遇到這樣或那樣的困難，對於下屬提出的要求，也不可能做到有求必應。因此，作為下屬，應該瞭解和體諒上司的難處，多多站在上司主管的角度換個立場思考一下，多替主管著想一些。必要時主動運用自己的才能，來為主管分憂解難。這樣不僅可以避免與主管產生矛盾和摩擦，而且能夠密切聯繫上下屬關係，這是獲得主管信任和重用奠定基礎。

體諒主管要設身處地替主管著想。上司主管作決策、處理問題，總是根據更高主管的方針政策和有關公司的具體情況，具有對整體的指導意義，不可能滿足每一個人的心願。

對待上司的缺點錯誤要客觀公正。對於任何人來說，缺點、錯誤都是與生俱來、不可避免的。上司自然也不可能違背這一規律。所以只有正確對待上司主管的缺點、錯誤，才會使我們不失原則地處理好與上司主管之間的關係。

誠懇地面對上司的批評

當我們受到上司批評時，最需要的是表現出誠懇的態度，從批評中確實受到教育，得到啟發，改進工作方法。最令上司惱怒的，就是他的話被你當成了「耳邊風」。如果你對他的批評置若罔聞，依然我行我素，這種效果也許比當面頂撞更糟。因為，他會認為你的眼裡沒有主管瞧不起他。

批評有批評的道理，錯誤的批評也有其可接受的出發點。切實地說，受批評才能瞭解上司，接受批評才能表現出對上司的尊重。比如說錯誤的批評吧，你處理得得，反而會變成有利因素。如果你不服氣，發牢騷，那麼，你這種做法所產生的負面效應，足以使你和主管之間的感情距離拉大，關係惡化。當主管認為你「批評不起」、「不得批評」時，也就產生了相伴隨的印象——認為你「用不起」、「提拔不得」。

當然，公開場合受到不公正的批評、錯誤的指責，心理上是難以接受的，思想上也會造成波動。

妥善的方法是，你可以一方面私下耐心做些解釋；另一方面，用行動證明自己。如果是當面頂撞，則是最不明智的做法。既然是公開場合，你覺得下不了台，反過來也會使主管下不了台。

其實，你能坦然大度地接受其批評，他會在潛意識中產生歉疚之情或是感激之情，在心中也會反覆琢磨，這次批評到底是對還是錯。

依靠公開場合耍威風來顯示自己的權威，換取別人的順從，這樣不聰明的主管是不多的。就算真讓你遇到這種主管，你更需要大肚寬容，只要有兩次這種情況發生，失面子的就不再是你，而是他本人了。

和主管發生爭論時，要看是什麼問題。比如你對自己的見解確認有把握時，對某個方案有不同意見時，與你掌握的情況有較大出入時，對某人某事看法有較大差異時……等等。請記住：當主管批評你時，並不是要和你探討什麼，所以此刻決不宜發生爭執。

受到上司批評時，反覆地糾纏、爭辯，非要弄個一清二楚才甘休，這是很沒有必要的。若是確有冤情誤解，那該怎麼辦呢？可找一兩次機會表白一下，點到為止。即使主管沒有為你「平反昭雪」，你也完全沒必要繼續糾纏不休。

在晉升的過程中，有人充滿信心，有人謹小慎微。但不管怎樣，突然受到來自上司主管的批評或訓斥，當然是一個重要的環節，都會造成很大的影響。要處理得好，首先要明白上司為什麼要批評你。

我們可以這樣認為：主管批評或訓斥部下，有時是發現了問題，必須糾正；有時是出於一種調整關係的需要，告訴受批評者不要太自以為是，或把事情看得太簡單；有時是為了顯示自己的威信和尊嚴，與屬下有意保持一定的距離；有時是「殺一儆百」、「殺雞儆猴」。不該受批評的人受批評，其實還有一層「代人受過」的意思……明白了上司是為什麼批評，

和上司發生誤會可能是最可怕的誤會了！因為這些誤會，可能會耽誤工作，進而影響你將來的發展。

你便會把握情況，從容應付。

挨批雖然在情感上、自尊心上、在周圍人們心目中受一定影響。但如果你不情緒低落，而用一種反思維的態度對待自己，即古人說的「有則改之，無則加勉」，你這樣處理，不僅會得到補償，甚至會收到更有利的效果。相反的，過於追求弄清是非曲直，只會使人們感到你心胸狹窄，經不起任何的考驗。

與上司保持動態距離

古人云：君子之交淡如水。下屬與上司之間無非只是工作關係而已，在工作中你注意與上司保持一定的距離，就會與他們相處得比較好，工作起來也比較順心，也會避免產生誤會的機會。這種與上司保持一定距離的「內幕」，也不是外人所能全部瞭解的。所以說，與上司相處也是一門學問，是一門人際關係學。作為下屬，既要尊重上司，又不可過從甚密；既要恰到好處地處理好與上司的關係，又不要因為與上司不分你我，產生誤會而影響同事對自己的看法。因此，如何與上司保持一定距離是值得注意的。

1.要注意與上司的接觸頻率：在你的上司超過兩位以上的情況下，要時常檢查自己，有沒有與某一位上司接觸過頻的問題。這裡特別要提醒的是，「八小時之外」與上司的接觸最為敏感，必須謹慎處之。逢年過節，禮節性地拜訪上司應另作別論，如果工作之餘經常與某一上司保持接觸，則容易引起種種不必要的誤會。你雖「君子坦蕩蕩」，但總有「小人長戚戚」，還是適當注意為好。由於工作關係，你可能與某一位上司接觸較多，而與其他上司接觸較少。因此，你應當注意調節「頻率開關」，尋找與接觸較少的上司打交道的機會。

2.不要有意表現出你與上司之間的親密關係：毋庸置疑的，每一個上司都有幾個自己喜歡的下屬，每一個下屬也都有幾個自己所尊敬的上司。因此，某個上司對你有好感，你對某個上司很「崇拜」，這都是很正常的。但作為下屬，一般不要輕易表現出與上司的親昵關係，尤其在公共場合更要注意。如果不管什麼場合，一見到與你關係不錯的上司，你就迎上去東拉西扯套交情，周圍的同事就會對你產生誤會，時間一長，上司對你也就自然而然地冷淡了。所以，當你與上司在工作中建立起一定的親密關係後，一定要珍惜它，不要輕

易「露餡」，這樣會在有意無意之間損害它。

3.要在鞏固和發展正常的上下屬關係上下功夫：要明白，你與上司在人格上是平等的，不是庸俗的人身依附關係。用一句通俗的話講，就是不要「抱大腿」、「找靠山」。你把心思用在盡心盡力、任勞任怨地做好工作上，這本身就是一種建立正常的上下級關係的表現，也是最好的「保持距離」。如果你把心思用在琢磨上司喜歡吃什麼、玩什麼，家中缺什麼，要辦什麼事情等小事上，那本身就是一種思想意識問題了。因此，只要你行得正，坐得端，即使與上司接觸多些，也不會產生閒言碎語，帶來誤會的麻煩。

總之，你與上司保持距離是一個動態的過程，是在自然而然中實現的，如果有意與上司疏遠以示保持距離，或者有意與上司接觸，以示縮短距離，這都是不恰當的。

馬屁不要隨便拍

作為下屬，必須牢固樹立「不拍馬屁」的觀念，努力做到：老老實實做事，堂堂正正做人。因為拍馬屁也會引起誤會，反而壞了你的事。

1.要努力與上司建立起正常的上下屬關係：不管作為上司也好，下屬也好，只有分工不同，沒有貴賤之分，都是為了一個共同目標。因此，處理上下屬之間關係的準則，應該是：政治上一律平等，人格上互相尊重，生活上互相關心，工作上互相支援。這種關係，與舊社會那種人身依附關係，完全是兩碼事。作為下屬，首先要認清自己所扮演的「角色」，有較強的「角色」意識，認清自己的位置。「拍馬屁」固然不可取，但那種不分青紅皂白，事事都與上司對衝的人，也不能認為是「不拍馬屁」的好漢。其次，要努力在工作實踐中與上司建立起良好的、正常的上下屬關係。贏得上司的信任與器重，最可靠的辦法就是把工作做好。靠「拍馬屁」可能會得意一時，但絕不會長久。因為正直的人是大多數，而正直的人是絕對不會賞識那些心術不正的下屬的。

2.不要言過其實地讚美上司：對上司尊重和適當地稱讚是必要的，言不由衷、言過其實是奉承者的基本手法。這種手法實在是被大多數人所難以接受，而且一定會受到大多數人的嘲諷的。「不拍馬屁」，首先要表現在與上司交往的一言一行中。對上司要講真話，說實情，不要投其所好，更不要過度地讚美，有意往上司臉上「貼金」。因為，在正直的上司

和上司發生誤會可能是最可怕的誤會了！因為這些誤會，可能會耽誤工作，進而影響你將來的發展。

面前玩弄這種小把戲，日久天長，你必定受到輕蔑和抵制。

3. 碰到喜歡「拍馬屁」的上司也不要「拍」： 在生活中，也許你會碰到喜歡「拍馬屁」的上司。即使是這樣，也不要低三下四的去迎合上司，做違心的事。上司喜歡「拍馬屁」，這不是一般的缺點，而是人格素質的問題。碰到這樣的上司，你所能做的只能是「出淤泥而不染」。上司喜歡別人「拍馬屁」，身邊一般都有一些投其所好、專看上司眼色行事的人，而一些有真才實學的人往往得不到應有的重視。處在這樣的環境中，說話辦事要留神，千萬不要陷入「拍馬屁」的圈套中。當然，喜歡「拍馬屁」的上司只是極少數，即使遇到這樣的上司，也不要灰心喪氣。因為，除了上司以外還有同事，再說上司也不是一個人，更何況上司也是可以改變的呢。

最後還要提醒以下幾點：

1. 與上司搞好關係，這不是「拍馬屁」： 下屬要做好工作，離不開上司的關心和幫助。無論是從做好工作的角度來說，還是從同事關係的角度講，下屬和上司搞好關係都是應該的和必要的。在日常工作中，有的下屬積極主動地為上司出主意想辦法，助上司一臂之力；有的下屬對上司交辦的工作想辦法去完成，即使有很大困難，也從無怨言，以自己出色的工作為上司分憂解難；有的下屬經常向上司彙報思想工作，以求得到上司及時的指點……所有這些，都不應該看做是「拍馬屁」。如果把整天與上司對衝的人奉為榜樣，似乎只有這樣的人才是「不拍馬屁」的好漢，那麼，我們這個社會恐怕也就不能正常運轉了。

2.與上司正常交往不是「拍馬屁」：有意討好上司，為達到某種不可告人的目的而向上司送禮之類的事，當然是屬於「拍馬屁」無疑。但講點人之常情，與上司正常交往，也是正常的。上司也是人，也有七情六欲，很多事情也需要別人，特別是自己的下屬能夠理解。如果下屬忽略建立這種正常關係，有意疏遠上司，不敢接近上司，這就大錯特錯了。

3.要「心底無私天地寬」：為了做好工作，為了與上司建立正常的關係，你應該大膽地與上司搞好關係，不要怕戴「拍馬屁」的帽子。而時時處處小心謹慎、誠惶誠恐。心懷坦蕩，襟懷坦白，不圖個人私利，積極與上司同舟共濟，這是完全正確的。

和上司發生誤會可能是最可怕的誤會了！因為這些誤會，可能會耽誤工作，進而影響你將來的發展。

做個守口如瓶的下屬

要贏得上司信任，不讓上司對你產生誤解的重要因素之一，是做一個守口如瓶的好下屬。在工作中要做到以下幾點：

1. **要克服高人一等的優越心理**：在上司身邊工作的下屬，權力不大，但影響大；職位不高，但知道秘密的程度高。正因為如此，往往不自覺地產生一種優越心理，隨著時間的推移，這種心理會導致行動上的高傲、驕橫和隨隨便便。有這樣的下屬，一旦上司研究決定了某件事，他馬上像吃了興奮劑一樣，到處口若懸河地亂吹一氣，生怕別人不知道，似乎不這樣做，就不足以證明自己的身分。其實，這是大錯特錯的。由於工作關係，你比別人掌握更多的機密，但這絕不能作為你炫耀自己、抬高自己身分的本錢。要克服不應有的優越心理，把自己擺在普通人的位置上，那麼你就能增強責任感，更好地保守機密了。

2. **要經得起誘惑**：有這樣的人，他讓你喝得酩酊大醉，使你「酒後吐真言」；他上門給你饋贈重禮，然後從你嘴裡掏出實情；他好像在與你閒聊，實際上是一步步引你上鉤，讓你掉入他的圈套，從而瞭解到他所需要的情況。因此，作為一個好的下屬，必須經得起金錢、美色、威嚇、人情等考驗，始終不失志、不失態、不失言。要做到這點：一是要不斷提高自控能力。二是要少管「閒事」。由於你與上司有一種特殊的關係，所以要求你辦事、打聽消息的人一定會有。在這種情況下，你要抱著「多一事不如少一事」的態度，儘量不主動找事，不主動攬事，因為多管「閒事」免不了要涉及應該保守的秘密。只有做到不該管的事堅決不管，才能有效地保守秘密。三是要學會正確表達。往往是說者無心，聽者有意。特別是在上司身邊工作的下屬，人家知道你掌握不少機密，有時會有目的地與你接觸，你不小心說漏了嘴，別人就會如獲至寶。因此，可以多用一些含糊之詞，以便達到似是而非、模棱兩可的語言效果。這樣做不是狡猾，而是不得已而為之。

3. **上司要求保密的事一定要保密：**上司要求下屬保密的事，除了工作上必須保密的事項外，還有一些屬於上司個人的秘密，也必須無條件地保密。有時，上司要和各方面的人打交道，處理各種矛盾，有時他會非常強硬，有時則又會妥協讓步；有時他會在大庭廣眾之下侃侃而談，有時則只對自己的「知音」傾訴難言之苦……等等。作為在上司身邊工作的下屬，對上司如此複雜的感情、情緒變化，是可以透過其言談舉止有所領悟的。所以，下屬只能看在眼裡，記在心裡，切不可外傳。有三點是要注意的：一是對上司之間的矛盾不要多言。在一起工作，難免會產生一些意見分歧，甚至較大的矛盾。作為上司身邊的下屬，你完全沒有必要介入上司之間的矛盾中去，更不應該說三道四，不負責任地擴散這種矛盾。最好的辦法是：做好你自己的本職工作，對上司一視同仁。二是對上司的失誤和缺陷要保密。當上司工作上產生失誤時，其心情也是很難受的，作為一個好的下屬，應該多做促使上司振作精神的工作，而絕不應該把上司的失誤當作小道消息到處傳播。對於上司本質上就存在的缺陷，更應該區別情況，從關心、愛護上司的角度給予彌補，而絕不應該嘲笑、挖苦。三是針對上司個人的私事要保密。特別對上司個人生活上、心理上、婚姻上、子女教育上等有難言之苦的地方，更應該注意保密。記得一位名人說過，任何人在貼身侍從眼裡都成不了英雄。就是說，侍從跟隨上司時間久了，什麼也瞞不了他，尤其對上司的缺點和不足比一般人看得更清楚。因此，下屬要從維護上司形象出發，學習上司的長處，淡化上司的缺點。如此一來，必然會贏得上司的信任和支持，才能使上下屬之間的關係變得更為融洽。

這樣解釋效果好

在與上司相處的過程中，下屬難免會受到上司的批評，大多數的情況下，這種批評是對的，但也不排除上司有時會做出錯誤的批評。在上司批評錯了的情況下，下屬採取什麼樣的態度，這將直接影響與上司的關係。這裡特別要注意的是，面對上司的錯誤批評，下屬不必馬上解釋，因為你越是急於解釋，就越會使上司覺得你不誠懇、不虛心、不樂意接受他的批評。常有這種情況，有的人，本來上司對他的看法不錯，但由於對上司的提醒、勸告乃至批評，他並不是認真地聽下去，表示誠懇接受，而是急於給上司「頂回去」，有時甚至喋喋不休地表白。久而久之，必然會引起上司的反感。因此，與上司相處，一定要慎用「解釋」。

那麼，面對上司的錯誤批評，應該怎樣解釋呢？

1. **要事後解釋，不要當面解釋：**上司的批評，是在一定的時間、地點、條件下說出的，上司之所以會做出錯誤的批評，往往也有他的主、客觀原因。比如說，不瞭解事情的全部過程，聽信了別人的誤傳……等等。而且，上司的批評，一般是不會輕易做出的，一旦進行批評，那往往是他自認有一定道理。同時，上司的批評，也會伴隨著嚴肅的面孔、言詞、甚至大聲訓斥。碰到這種情況，確實也不是每一個下屬都能夠承受的。但是，為了保持良好的上下屬關係，有利於團結和今後工作，下屬應該忍耐和克制，不要一觸即跳，給上司

和上司發生誤會可能是最可怕的誤會了！因為這些誤會，可能會耽誤工作，進而影響你將來的發展。

「火上澆油」。即使受到了很大的委屈，也不要當面頂撞，可以在事後一個適當的時候心平氣和地向上司說明原委。這種事後解釋的好處很多，它既維護了上司的威信，又表現了你良好的修養；既維繫了上司下屬之間的正常關係，又會增加上司對你的信賴和愛護，一般來說，如果上司事後知道自己批評錯了，也會主動作自我批評。如果當面頂回去，就不可能收到這樣好的效果。

2.要間接解釋，不要直接解釋：一般來講，間接解釋比直接解釋好。這種間接解釋，也可以是透過第三者進行的，可以是透過電話、文字資料等中間媒介達到的。無論採用哪種方式，都要使上司覺得你很真誠可信。特別是受到很大委屈的情況下，往往自己又不便說，採用間接解釋的方式，效果就更好。有這樣一件事，一位首長讓機關某個部門起草講話稿，當規定的時間到了以後，那位首長還沒有拿到稿子很生氣，後來稿子送去時，當他看到這是一份品質較高的講稿，而且事後又瞭解到，起草講話稿的人是在拉肚子、每天打點滴的情況下完成任務的時候，那位首長再也沒有追究沒有按時完成任務的責任，並且還在一次員工大會上表揚了寫稿的人。試想，如果在首長表示不高興時，你跟著就給予解釋，急於一吐委屈，那不但不能受到上司的表揚，反而會適得其反，增加上司對你的反感。

3. **要「有選擇」地解釋，不要「面面俱到」**：無論是當面向上司解釋，還是透過其他途徑向上司解釋，都要本著「宜粗不宜細」的原則，也就是人們常說的「點到為止」，切不可糾纏於旁枝末節。只要在大的方面解釋清楚了，上司也明白了，就不必喋喋不休地逐個問題逐個細節地給上司解釋。如果你不擇要領，不把大的問題解釋清楚，反而在枝節問題上滔滔不絕，那麼，即使你本來有「理」，恐怕也難以收到好的效果。所以，在向上司解釋前，必須要認真思索，把事情的來龍去脈理清楚，弄清何以要向上司解釋，哪一點或哪幾點必須解釋清楚，這樣才不至於在向上司解釋時發生東一椿西一件，什麼都想說但什麼也說不清的錯誤。

4. **要真誠解釋，不要只是宣洩心裡的不快**：下屬主動向上司作解釋，這本身可以看做是一個「高姿態」，但如果指導的思想不正確，說話態度不誠懇，特別是以解釋之名，行宣洩或「算帳」之實，那麼，「高姿態」便成了「低水準」，其後果也是可以想像的。作為下屬，對上司任何時候、任何場合下的批評，都要本著有則改之，無則加勉的態度，嚴格地檢查自己的不足和過錯，哪怕上司的批評有百分之一的正確，都應嚴於解剖自己，主動地、誠懇地向上司作自我批評，不能以為自己只有那麼一點點錯，就不必作自我批評，那

和上司發生誤會可能是最可怕的誤會了！因為這些誤會，可能會耽誤工作，進而影響你將來的發展。

就大錯而特錯了。上司工作繁忙，頭緒很多，說錯話、辦錯事也是不足為奇的，而當他意識到自己批評錯了，下屬又能原諒他、體諒他，主動作自我批評時，在無形中就增進了上下級之間的感情和友誼。如果下屬有錯不認，或者一味地責怪上司，或者等待上司首先向自己認錯，那只能導致上下級關係的緊張。

第八章・讓誤會遠離友誼

朋友，往往都是心有靈犀的，但是我們也不得不承認，即便是肝膽相照的好友、朝夕相處的戀人，也會因為誤會變得非常不愉快，甚至彼此傷害，造成終生的遺憾。

肝膽相照的好友、朝夕相處的戀人，也會因為誤會變得非常不愉快，甚至彼此傷害。

保守朋友間的秘密

1. 充分的尊重能夠避免誤會並且營造出和諧的氣氛：請你時刻重視對人的尊重和說話的禮貌。尊重對方在人際交往中是非常必要的，如果做不到這一點，就容易使彼此的關係陷入僵局。據說抗戰勝利後，張大千要從上海返回四川老家，行前好友為他設宴餞行，並特邀梅蘭芳等人作陪。宴會開始，大家請張大千坐首座。張大千風趣地說：「梅先生是君子，應坐首座；我是小人，應坐末座。」

梅蘭芳和眾人聽了都不解其意。於是張大千解釋說：「不是有句話講『君子動口，小人動手』嗎？梅先生唱戲是動口，我作畫是動手，我理該請梅先生坐首座。」

滿堂來賓聽後為之大笑，並請兩個人並排坐了首座。張大千自稱為「小人」，好似自貶，實則「醉翁之意不在酒」，是對梅先生尊重的表示，它表現了張大千的豁達胸懷和謙虛美德，又製造了寬鬆和諧的交談氛圍。

2. 要保守朋友間的秘密：真正的好朋友，也可以算是我們親近的人。但這種朋友之間的親近和親人的親近又是截然不同的。朋友首先在地位上是平等的，其次沒有直接的衝突和利害關係。如果有的話，不可能成為真正的朋友。即使是關係再好的人，一旦涉及到金錢與利益也會反目成仇，這種情況比比皆是。對朋友可以暢所欲言，毫無忌憚，毫無保留。不過話又說回來，既然是秘密，講給朋友聽，只是一種情緒的發洩，絕對不會希望對方做個傳播站，搞得盡人皆知。

把朋友告訴自己的秘密四處傳播，可能會引起許多的風言風語，甚至會有人以訛傳訛，歪曲事實真相，故意誇大其詞。這樣會把事情搞得更加複雜化，以至於到最後弄到不可收拾的地步。朋友把自己的隱私告訴你，可能涉及到家庭糾紛、生理缺陷、個人恩怨等等，總之是需要保密的，要不然就不會稱為是秘密和隱私。

對方可能沒有直接告訴你要你替他保密，但這一層的意思是不言而喻的。他不說，可能是覺得說出來顯得對你不夠信任，但實際上，他對你是極度信任的，否則他是不會告訴你的。對此，你只有為他分憂解難的義務，而沒有把這些「隱私」張揚出去的權力。如果是無意間的洩密，還情有可原，你可以認真地向朋友做出說明，請求得到他的原諒。但如果是故意的，則是讓人無法容忍的。以後可能也不會有誰再把你當成知己，傾訴衷腸。

肝膽相照的好友、朝夕相處的戀人，也會因為誤會變得非常不愉快，甚至彼此傷害。

與朋友說話的分寸

1.聽朋友說話時插話要適時：許多人過分相信自己的理解能力和判斷能力，往往不等別人把話說完，就中途插嘴，因此常會發生誤會。這種急躁的態度，很容易造成誤會，不只弄錯了對方的意圖，還會在中途打斷對方，也會有失禮貌。

當然，在別人說話時一言不發也不好。對方說到關鍵的時刻，說完後，你卻只看著對方而不說話，對方會感到很尷尬，他會以為沒有說清楚而難以繼續說下去。

有些人在別人說話時，唯唯諾諾，彷彿都聽進去了，等到別人說完，卻又問道：「很抱歉，你剛才說些什麼？」對他來說，也許只是一時心不在焉，聽漏了重點，但是對說話的人來說這卻是一件很失禮的事。

人們常會輕率地問：「剛才這個問題的意思，能再解釋一下嗎？」或者不經大腦就說：「我不太瞭解剛才這個問題的意思。」這些話都不算得體，你不妨這樣表示：「據我聽到的，你的意思是否是這樣呢？」即使你真的沒聽懂，或聽漏了一兩句，也千萬別在對方說話途中突然提出問題，必須等到他把話說完，再提出：「很抱歉！剛才中間有一兩句你說的是……嗎？」如果你是在對方談話中間打斷，問：「等等，你剛才這句話能不能再重複一遍？」這樣，會使對方有一種受到命令或指示的感覺。

俗話說：「聽人講話，務必有始有終。」但是能做到這一點的人卻不多。有些人往往因為疑惑對方所講的內容，便脫口而出：「這話不太好吧！」或因不滿意對方的意見而提出自己的見解，甚至當對方有些停頓時，搶著說：「你要說的是不是這樣……」由於你的插話，很可能打斷了他的思路，要講些什麼他反而忘了。中途打斷對方的話題是沒有禮貌的行為，有時會產生不必要的誤會，說不定對方會想：「那你來講好了。」

一個精明而有教養的人與他人交談，即使對方長篇大論地說個不休，也絕不會插嘴，這說明了打斷他人的言談，不僅是很不禮貌的事，而且什麼事情也不易談成。

另外，傾聽對方說話的神情很重要。聽別人說話時，眼睛卻望著地下，或嘴巴微張呆呆地聽，甚至重複發問好幾次，都會給人留下很不好的印象。

2.自然地加入他人的談話：在宴會、生日舞會上，我們時常可以看到朋友正和另外一個不認識的人聊得起勁，此時，每個人都有加入進去的想法。而實際上呢？你只不過是想聽聽他們到底在講些什麼罷了。但是，一方面你不知道他們的話題是什麼，而且你突然地加入，可能會令他們覺得不自然，甚至因此使他們的話題接不下去，到後來場面氣氛轉為尷尬，而無法收拾。此時，大家一定會覺得你很沒禮貌，也因為你這位不速之客，致使自己的朋友感到尷尬或不滿。

如果碰到這種情況，你最好等他們說完再過去找你的朋友，即使真有事必須當時告訴他，給他一些小動作的暗示，他就會找機會和你講。同時也要注意，不要靜悄悄地站在他們身旁，好像在偷聽一樣，盡可能找個適當的機會，禮貌地說：「對不起，我可以加入你們嗎？」或者大方地、客氣地打招呼，請你的朋友介紹一下，就能很自然打破這個情況。千萬不要打斷他們的話題，也不要製造尷尬的氣氛。

3.玩笑適度，以免樂極生悲：茶餘飯後，不少人喜歡以幽默的語言使人捧腹，或以詼諧的比喻令人發笑，或者你戳我一下、我逗你一下來活躍生活氣氛，使大家在說說笑笑中增進友誼，密切感情。不用說，這是一件好事。一般來說，開玩笑是樂觀主義精神的表現。然而，朋友間開玩笑也要有分寸，否則很容易適得其反。青雲的女朋友在外地工作，原計劃在連假前夕來看他。他的同事小王得到這一「情報」後，立即動起了腦子。一天夜裡，正在值班的小王匆忙敲開青雲的房門，叫醒他說：「大哥，怎麼搞的，保密那麼嚴哪？你女朋友已從車站來電話了，叫你去接她，怎麼事先一點風聲都不露呢！」青雲一聽，手摸後腦勺：「怎麼說來就來啦！」雖然有點犯嘀咕，無奈小王說得有鼻子有眼，哪能不信？於是，趕快騎車跑到車站去會「織女」了。誰知找來找去，不見來人。掃興回來，才知道原來是個玩笑。氣得青雲揪住小王敲腦殼。你說這豈不成了惡作劇！不過，那小王開玩笑也是夠過份的，有一次，他把小張的車子藏起來，急得小張出冷汗。等小張要到派出所報案了，他這才笑嘻嘻地拿出來。諸如此類的玩笑，弄得別人肚裡直冒火，有什麼好處呢？

所以說，玩笑可以開，但不可隨便亂開。會開玩笑，使人人高興，皆大歡喜；不會開玩笑，既達不到玩的目的，也收不到笑的效果。開玩笑，也有講究。

講究之一，是玩笑的內容要健康。既是開玩笑，就要好玩，能引人發笑。並且，要能夠使人在笑聲中得到啟發，受到教育，增長見識，促進團結；或者是透過開玩笑，互相激勵，鞭策進步。如果像上面講的惡作劇，把人開得直冒火，那就開到歪路上去了。還有一些人，開玩笑的情趣不高，甚至拿一些庸俗無聊的話引人笑，這也很難使人發出會心的笑聲來；還有的人拿別人的缺點甚至生理缺陷開玩笑，把無聊當有趣，那就不僅不能使人開懷笑，甚至簡直使人不能忍受了。

講究之二，開玩笑要適當，不可開得太過分。尤其是青年人，愛動手動腳，你踢我一腳，我捅你一下。這樣開玩笑，雖無不可，但如果「逐步升級」，你摸我一下，我就捅你一拳；你踩我一下，我便踢你一腳，不佔便宜不露笑，就可能把玩笑弄成打鬥，到頭來，不僅笑不出，說不定還會瞪眼睛。有的玩笑，不顧安全，不想後果，開玩笑開出意外來，那教訓可就慘痛了。

講究之三，開玩笑要看對象。有的人嘻嘻哈哈，愛歡樂；有的人不苟言笑，動不動就臉紅；有的人自尊心特別強，你給他開個玩笑，他覺得對他不大敬重，說不定還要讓你下不了台；還有一種人，高興時怎麼都行，不高興時一句話就冒火。這就要「差別對待」。

聽的妙用

朋友之間的交往，要善於說，也就是善於把自己的思想感情傳遞給對方；善於聽，即善於透過對方的語言，判斷其真偽，捕捉其真意和事實。兩者比較，聽話比說話要困難得多。

有人研究發現一般人的說話速度是每分鐘一百二十至一百八十個字，思想的速度卻要快四至五倍。所以，聽話者注意力稍微分散一下，別人說的話就只能聽到一半。

有人進一步研究指出：說話一方把自己想說的內容，根據需要，按照某種邏輯結構，用某種速度說出來。這裡的「某種」是指個人的喜好或習慣。這些話到達聽者的耳朵，同樣還得經由聽者個人的喜好與習慣的「某種」折射。所以，說者的本意與聽者的理解之間有一定的距離。

我們要善於聽，也就是善於看穿說話人的真偽，善於抓住說話人的真意和事實，以免造成不避要的誤會。

首先，全神貫注地聽別人說話。促膝懇談也好，面對面的交換意見也好，不管處於什麼情境，採用什麼交往方式，都要認真聆聽，不能帶有情緒，更不能帶有偏見，即使是無聊的話，也要有耐性地堅持聽下去。愛聽不聽的態度，是對對方的否定，最容易損害對方的自尊心。

其次，一邊聽一邊概括對方說話的要點。把別人的話逐句地聽和記，是不可能的，也是不必要的。善於聽，即在於善於一邊聽，一邊整理，把對方的話加以概括，抓住要點。當

然，概括出要點，也不要主觀地論定，等對方的話告一段落時或輪到自己發言時，才向對方提出，以資核定。如果與對方一致，那就說明自己沒理解錯；如果與對方不一致，應及時交換意見，切忌當時不說，過後糾纏不清。許多朋友之間的誤解與爭執，就在於不及時弄清楚。

遠離愛情的地雷區

猜疑是愛情的大敵，它使戀人自尋煩惱，甚至導致雙方感情的破裂。猜疑一般總是以某一假想目標為出發點進行封閉性的思考。這種思考從假想目標開始，最後又回到假想目標上來，就像一個圓圈一樣，越畫越粗，越畫越圓。一對已經相戀了半年多、雙方都有確定關係的願望的情侶，正當愛情之舟順利駛向彼岸的時候，突然遇到了猜疑的暗礁。

那天女方曉玲路過一家電影院，看到門口有一對男女正在交談，隨即雙雙進了影院，而那個男生就是自己的男友仁傑。

曉玲簡直不敢相信自己的眼睛。在回家的路上曉玲思緒煩亂。她想起了自己和仁傑相識以來有幾次約他看電影，他都是吞吞吐吐。還有一次，是仁傑公司送的電影票，當時坐在旁邊的就是這次和仁傑一起去看電影的女子。據此，曉玲就認定是仁傑欺騙了自己。自此之後，她再也不理仁傑了。

仁傑找到她家裡問她究竟出了什麼事，她沒好氣地回答：「你自己知道！」甚至說一些難聽的話。仁傑被罵得莫名其妙，只好悻悻然離去。

其實，和仁傑一起看電影的是他另一個要好同事的新婚妻子。那天，仁傑的同事因為要臨時緊急加班，不能陪她一起去看電影。為了不使妻子在影院門口等太久，就請仁傑代為通知。而仁傑和她本來就相識，她見多了一張票就請他一塊看，仁傑也大方地接受了。這本來是同事間正常的友誼交往。可是曉玲卻想歪了，誤會了男友，趕走了自己的意中人。

生活中不乏因猜疑而害人害己的事情。因此，青年男女在愛情生活中應該設法克服這種不正常的心理。

1.從自我的主觀想像中走出來：之所以會發生猜疑，一個重要的原因就是思維方法上主觀臆

度的色彩太濃，沒有根據地加強了心理上消極的自我暗示。這自然是很不好的。解決的方法很簡單，那就是多和對方溝通思想，交心才能知心。人們常說：「長相知，才能不相疑；不相疑，才能長相知。」做好襟懷坦蕩，開誠佈公，才能相互信任。有了這個牢固的基礎，猜疑自然就會煙消雲散了。就像在上面的故事裡，如果曉玲能積極地與仁傑溝通，或者至少當仁傑追問原因時說出自己的心結，那麼結果就完全不一樣了。

2. **加強積極的自我暗示：**曉玲之所以將事情弄到了分手的糟糕地步，就是缺少了這一點。當你的懷疑越來越重的時候，要盡力提醒自己「踩剎車」，想辦法加上一些「干擾因素」，如：「也許是我弄錯了」、「他應該不是那種對愛情不專一的人」……等等，以打破自己的懷疑。當然如果是真的出了問題，一味這樣想那就是自欺欺人了。所以條件允許時，可作一些調查，更主要的是和對方多溝通，以澄清事情的真相。這樣做才是對感情負責任的態度，破除了猜疑，彼此間的感情自然也會更進一步。

3. **把愛情建立在互相信任和尊重的基礎上：**之所以會猜疑對方，其實說到底還是自己對彼此間的感情沒有自信，對對方不夠信任。如果有了充分的信任和尊重，這樣的事情就不會發生了。

4.不要盲目地相信別人的閒話：不少的猜疑都是由別人的閒話所引起的。對於別人的閒話要分析，應該看到，生活中「長舌婦（夫）」確實有。即使有些親朋好友出於好心向你通報你戀人的外遇之類的情況，也不能一聽就信。因為很難保證這些情況中沒有失真的成分。要知道眼睛也有欺騙你的時候，很多時候我們會被眼睛所看到的表象給欺騙了，更何況是道聽塗說。

5.一旦有了猜疑，要冷靜分析，不能意氣用事：正如前面所說，人在猜疑的時候，容易被封閉的思路所支配。這時，自己的冷靜克制絕對需要。要多設想幾個對立面，只要有一個對立面突破了這種思路的迴圈時，你的理性就可能及時得到召喚。冷靜分析以後，仍然難以解除猜疑，那就應該及時和戀人交換意見，當然方式方法要注意。就拿曉玲來說吧，她可以隨意地問仁傑：我看見你昨天去看電影了，電影怎麼樣？那麼仁傑自然會主動地把情況向曉玲解釋清楚，而誤會也就自然消除了。有了猜疑，但是卻像曉玲那樣自己悶在心裡，自己越想越氣，而情人卻感到莫名其妙，結果不但解決不了問題，還可能使矛盾進一步擴大甚至惡化，於人於己都不利，這又何必呢？

信任對方固然是重要的，但同時也要注意避免一些可能會引起對方誤會的情況發生。比

如當有人追求你時，就要恰當地處理。畢竟，越是相愛的人，越是在乎彼此間的感情，也就會變得敏感一些。

1.不要試圖操縱對方：有些戀愛中的人把愛理解為順從，要對方什麼事情都順從自己，把愛情的主動性看做對別人的控制甚至統治。有這種想法的人沒有把愛情看做是一種情感的平等世界，在兩個人的世界中表現出了過強的操縱意識。當然，每個人都有試圖用自己的意志去影響他人的願望，在社會中這可以透過權力的結構去實現。但是在愛情當中，誰都沒有這樣的權力。

有的人為了考驗對方對自己的愛，便謊稱自己生病。等對方氣喘吁吁，抱了一堆水果和補品來看她的時候，她卻正在打毛衣，哪有什麼病！這個時候，另一方會覺得自己受到了愚弄。這種遷就的順從態度，不僅對自己不好，也會害了對方，而且往往會導致自己的愛情走上末路。因為這樣的話，你的人格就得不到應有的尊重，你的情感也得不到你所期望的理解。長此以往，習慣成自然，彼此的愛情就成了主僕愛情。而主僕式的愛情在現代人的眼裡就等於沒有愛情。實際上，這種愛情的情感結構也的確不穩固。在現代人的生活中，戀人之間平等的情感交流已成為一種需要。這樣的愛情必然要使雙方互不理解、難於溝通，從而陷入愛情的危機。

2.恰到好處地拒絕別人的求愛：被愛是一種幸福，前提是如果愛你的人正是你所愛的人。但是，假如愛你的人並不是你的意中人，或者你一點也不喜歡他，你就不會感覺被愛是一種幸福了。相反的，你可能會產生反感甚至是痛苦，這份你並不需要的愛就變成了你的精神負擔。

別人愛你，向你求愛，他（她）並沒有錯；你不歡迎，你拒絕他（她）的愛，你也沒錯。關鍵是看你怎樣拒絕，如果拒絕得恰到好處，這對雙方都是一種解脫，也可以免去許多麻煩。如果你不講方式，不能恰到好處地拒絕別人的求愛，你就可能犯錯誤；不但傷害他人，說不定也危害自己。

初次交朋友，你也許曾經有過這樣的左右為難，因為她或他的條件實在讓人愛不起來。但是，由於是你的上司介紹的，或者是上司的子女，使你在拒絕上產生了猶豫，雖然每次見面都會使你感到不舒服、不愉快，但一想到對方的身份、上司的威嚴，屢次想謝絕卻又不好出口。有時候，也許你為了對方的面子而難以開口說出「不」字，或者是懾於對方的威嚴，不知所措。你被這份多餘的愛折磨得痛苦不堪，不知該怎麼辦。生活中處在這種矛盾中的人

太多了。有些人遇到類似的情況時不知該如何拒絕，因處理不當，便造成了很不好的後果。

怎樣對愛你的人說出你的不愛，並在不傷害對方的情況下讓他接受這個事實呢？拒絕求愛的方法有多種，從形式上，可以用書信，可以當面講，也可以委託別人。但不管用什麼樣的方法，一定要做到好好相處。以下幾點建議，可供你參考：

①直言相告，以免誤會：若已有意中人，又遇有求愛者，那麼就直接明確地告訴對方你已有情人，請他另選別人，而且一定要表明你很愛自己的情人。同時，切忌向求愛者炫耀自己戀人的優點、長處，以免傷害對方自尊心。

②講明情況，好言相勸：倘若你認為自己年齡尚小，不想考慮個人戀愛問題，那就講明情況，好言勸解。

③婉言謝絕：倘若你不喜歡求愛者，根本沒有建立愛情的基礎，可以在尊重對方的基礎上，婉言謝絕。對自尊心較強的男性和羞澀心理較重的女性，適合委婉、間接地拒絕。因為有這類心理的人，是克服了極大的心理障礙，鼓足勇氣才說出自己的感情。一旦遭到斷然拒絕，很容易感覺受傷害，甚至痛不欲生，或者採取極端的手段，以平衡自己受到創傷的感情。因此拒絕他們，態度一定要真誠，言語也要十分小心。你可以告訴他你的感受，讓他

（她）明白你只把他（她）當朋友，當同事或者當兄妹看待，你希望你們的關係能保持在這一層面上，你不願意傷害他（她），也不會對別人說出你們的秘密。

不妨說：「我覺得我們的性格差異太大，恐怕不合適。」

「你是個可愛的女孩，許多人喜歡你，你一定會找到合適的人。」

「你是個很好的男人，我很尊重你，我們能做永遠的朋友嗎？」

「我父母不希望我這麼早談戀愛，我不想傷他們的心。」

如果這些自尊和羞澀感都挺重的人沒有直接示愛，只是用言行含蓄地暗示他們的感情，那麼，你也可以採取同樣的辦法，用暗含拒絕的語言，用適當的冷淡或疏遠來讓他（她）明白你的心思。

要記住，拒絕別人時千萬不要直接指出或攻擊對方的缺點或弱點，因為你覺得是缺點或弱點的東西，對自己或某些人也許並不認為是缺點。所以，不能以一種「對方不如自己」的優越感來拒絕對方。特別是一些條件優越的女生，更不能認為別人求愛是「癩蛤蟆想吃天鵝肉」，一推了之，或不屑一顧，態度生硬，讓人難以接受。

④冷淡、果斷：如果求愛者是那種道德敗壞或違法亂紀的人，你的態度一定要果斷。

拒絕時要冷淡，對這類人也沒有必要斥責，只需寥寥數語，表明態度即可，但措詞語氣要嚴謹，不使對方產生「尚有餘地」的想法。

對嫉妒心理極強的人，態度不必太委婉，可以明確地告訴他（她），你不愛他（她），你和他（她）沒有可能，這樣可以防止他（她）猜忌別人。如果你另有所愛，最好不讓他（她）知道，否則可能加劇他（她）的妒恨心理，甚至被激怒而採取極端的報復行為。另外，對方在你回絕後，如果還一個勁地死纏住你，那麼你首先要仔細檢查一下自己的回絕態度是否明確和堅決，對方是否產生了誤解。

莎士比亞筆下的悲劇

情人或妻子（丈夫）變心、背叛時，會引發強烈的嫉妒。如果一個人嫉妒得發狂，很可能去攻擊那個可惡的第三者，甚至將其殺害。

我們來看一個故事，這是莎士比亞筆下的一個悲劇——

奧賽羅是穆納人，出生於威尼斯公國的高官貴族。他和元老院議員布拉邦肖的女兒達絲德蒙娜結了婚。奧賽羅的旗手艾古，由於沒被奧賽羅選作副官，所以對他懷恨在心。於是，他一次又一次地在奧賽羅耳邊造謠說，氣質非凡、言語溫和的現任副官加西奧，與達絲德蒙娜的關係非常曖昧。

故事中用了一些語句生動形象地描寫了嫉妒，諸如：

將軍啊，請留神「嫉妒」這個怪物。

它是個綠眼魔鬼，把人心當食餌，肆意吞噬。

縱然她紅杏出牆，也請向命運低頭，

對於她的薄情寡義，徹底死心，收回愛情。

啊，你每時每刻都在經受地獄之火的煎熬，

時而沉浸愛海，時而猜度懷疑。

男人啊！永遠都在無盡猜忌，永遠都在放縱溺愛。

後來，艾古盜出奧賽羅先前送給達絲德蒙娜的手帕，偷偷地放在了加西奧身上。當奧賽羅發現了那塊手帕後，就一口咬定兩人一定在私下通姦，然後他就對達絲德蒙娜百般折磨、嚴刑拷打。不管她怎樣拚命否認此事，也無法讓被嫉妒沖昏理智的奧賽羅相信。最後，奧賽羅在狂怒之下把苔絲德蒙娜絞死了。以後，當他知道事情的真相時，對自己的愚蠢行為無比絕望，結果自殺身亡。

這個有關嫉妒的故事舉世聞名。莎士比亞以如此美妙的語句，寫活了這一出絕世悲劇，不愧是戲劇舞臺的一代文豪。

1. **自卑感會點燃「嫉妒之火」**：為什麼清高、勇敢的奧賽羅會那麼容易相信一個謊言呢？那是因為他內心有著強烈的自卑感。

奧賽羅是穆納人，是一個黑人。在他心底深處總存在著一個想法，他覺得他的妻子達絲德蒙娜，是一個白人美女完全沒必要找一個黑人做丈夫。達絲德蒙娜的父親有權有勢，要為她找一個白人丈夫簡直易如反掌。事實上，在威尼斯正有很多紳士都深深地迷戀著她。而且，他們倆當時近於私奔的結婚方式，也曾使她的父親揚言要把他關進監獄。

無論達絲德蒙娜對丈夫說她有多麼愛他，也掃除不了他內心的這種不安情緒。在聽了艾古編造的謠言之後，更加劇了他內心深處的焦慮不安。隨後，當偷情的證據——手帕出現的時候，他的情緒就失控了。如果奧賽羅對自己的膚色毫不自卑，並擁有很強的自信心的話，就不會那麼輕易相信艾古的謊言了。

即使不是奧賽羅，只要是對配偶或是戀人很會胡亂「吃醋」的人，就一定有強烈的自卑、怯懦心理。比如，賺不到大錢的人，在競爭中失敗的人，沉迷於賭博而借著鉅額高利貸的人，在性方面滿足不了妻子（丈夫）的人，頭腦不及對方聰明的人。這些人都可能成為自卑、怯懦的典型。

只要我們自己擁有自信，相信在各個方面都可以滿足妻子（丈夫），這樣就不會輕易地被嫉妒沖昏理智了。但是，自己的妻子（丈夫）愛上了別人，也就說明了自己尚有缺點和弱項。而往往在覺察到自己的缺點及弱項時，就會產生自卑感。其實，每個人都會有自卑和怯懦的一面。即使看起來是充滿自信的人，也總會有自卑或怯懦的一面，問題是它們常常被假象所掩蓋。所以令人遺憾的是，我們至今仍然擺脫不了「嫉妒」的糾纏。

2.丈夫為什麼不能容忍妻子的紅杏出牆呢：奧賽羅絕不容忍妻子達絲德蒙娜和別人偷情。他認定妻子已愛上了別人，於是在狂怒之下把她絞死了。自己的配偶或情人要是出現了背叛或變心，難道就這麼不可原諒嗎？

有些人之所以會有「不可原諒」的想法，是因為他們想要獨佔對方的心靈和身體。他們認為，一旦自己的妻子（丈夫）對愛情起了誓，就應該把一生的愛全都傾注在他們身上，絕對不允許見異思遷。可是，別人的心可以歸自己所有嗎？比如說小孩，父母對自己的孩子總是真心喜愛的。他們為孩子的幸福，即使犧牲自己也在所不惜。那是否就可以說，孩子的心是完全就屬於父母的呢？

前不久，日本某公司有一位不錯的中年女職員，畢業於東京大學，總把兒子視為己物。當她勒死了自己唯一的親生兒子後，自殺了。在這個案例中，她完全錯了。因為母親在培養孩子的過程中，無論多麼費心，孩子的性格和人品都未必一定符合她的要求，更不能認為孩子是自己所生，自己就有權結束他的生命。

同樣，不管夫妻或情侶之間多麼相愛，也不可能完全獨佔對方的心。因為那根本就做不到！因為，每個人都有自己的想法。在現代社會中，已經沒有過去的那種奴隸了。有些男性希望婚後的妻子能順從聽話。他們認為，妻子在嫁給他以後，就是他的所屬物品。如果在封建時代，這樣想還情有可原。但在今天，在現代社會裡，這種想法就行不通了。當然，我並不提倡見異思遷，相反的我認為夫妻間真摯的感情始終是彌足珍貴的。

總之，人們對配偶或戀人的嫉妒，往往來自於私有物品被奪走的感覺。

3.見異思遷是人之常情嗎：人的感情、欲望、希望經常會發生變化，它是不會靜止不動的。

試想一下過去就會明白。幼兒時期，我們曾夢想過當一名公車司機。上小學後，想成為一名職業棒球手。中學時，又想成為像傑特帕羅斯那樣的人物。而如今，卻成了一名大公司的職員，或終日為工作到處奔波，或為了升官發財而艱苦奮鬥。就像這樣，我們對未來的期待也會隨著年齡的增長而不斷變化。

我們對待朋友也是如此。也許你根本不知道小學時的同學現在在做什麼。現在對初中時的好朋友，也不過是寄寄賀卡，彼此問候一下而已。聽說高中時代的情人快結婚了，想當初，還曾真心地發誓要相愛一輩子，可今天不也成了過眼雲煙嗎？看來，漸漸流逝的過去，終究會抹去心底的記憶。

配偶或情侶若是變心、背叛時，有人往往會激動地揚言要殺死對方，或者是要讓對方難堪……等等。此時，人們不禁要問：「見異思遷真是人之常情嗎？」在我看來，這種觀點根本站不住腳，它只不過是「第三者」的藉口而已。

肝膽相照的好友、朝夕相處的戀人，也會因為誤會變得非常不愉快，甚至彼此傷害。

丈夫如何避免妻子的誤會

古代一名婦人得知丈夫另尋新歡，賦詩一首送丈夫：「恭賀郎君又有她，儂今洗手不當家；開門七事都交付，柴米油鹽醬與茶。」細心的讀者可能會發現，該婦人的「開門七事」其實並沒有完全交出來，她留下了「醋」。

社會雖然已跨進了二十一世紀，可是每當丈夫和異性交往時，妻子心中仍覺得酸溜溜的，像喝了醋一樣。當然，淡淡的醋味能增加夫妻的感情，但凡事總有個「度」，醋勁太強，就會破壞家庭的安謐。這正如菜中放少許醋能殺菌、保鮮、增味，但放多了就難以下口了。有些妻子總希望自己的丈夫堅守「男女授受不親」的禮教，她們或因一時誤會便盯梢、跟蹤丈夫；或聽信流言蜚語無端懷疑丈夫的社交；或不准丈夫與異性接近限制其社交；或捕風捉影疑神疑鬼亂猜疑。有的妻子見丈夫與異性談笑，便當場撒潑吵鬧，誹謗侮辱女方；或回家後與丈夫使性子，胡攪蠻纏，沒完沒了。遇上這樣的妻子確實令人頭痛，但倘若遇上了，丈夫怎樣正確對待呢？

1. **忠於妻子**：丈夫對愛情的忠貞行為，是消除妻子猜疑的最有效的「靈丹妙藥」。妻子愛

「吃醋」，對丈夫有些不放心。因此，丈夫一定要注意用自己的行動，加強妻子對自己的信任。要檢點自己的作風，不可背著妻子做任何對不住妻子的事。丈夫心中只有妻子，永遠忠於自己的愛情，丈夫的純真舉動，遲早會消除妻子心頭的一切疑雲，妻子自然也就不再「吃醋」了。

2.**消除誤會**：有的妻子對丈夫的猜疑，沒有能及時地消除，使誤會真的釀成了「醋」。所以，作丈夫應細心觀察瞭解妻子，弄清妻子「吃醋」的原因。

3.**不避妻子**：丈夫參加社交活動本是正常的事，與異性接觸應大大方方。殊不知，越是隱蔽，妻子就越懷疑；越是不讓妻子知道，妻子就越是認定裡面有鬼。作為丈夫，若有可能，儘量讓妻子陪自己一起參加一些社交活動，讓妻子對自己的社交關係和行為有正確的認識。同時，在結交異性朋友時，最好也讓妻子知道，能請她們來家中作客，與妻子也交個朋友，那就更好了。

4.**講明危害**：愛「吃醋」的妻子，必然把丈夫看得緊緊的，時時拴在自己身邊，這不僅使丈夫陷入家庭小圈子裡，生活單調乏味而且也妨礙了丈夫的正常工作和社交。同時由於憑空編造莫須有的「第三者」，往往會傷害他人，造成嚴重的後果。妻子愛「吃醋」，雖然

是以愛丈夫為出發點，卻也會傷害丈夫和夫妻間的感情。因此，妻子莫把愛「吃醋」視為「小事」。事實上，由於丈夫不堪妻子的猜疑，與妻子分手的悲劇，生活中並不少見。這就告誡愛「吃醋」的妻子，要真正從思想上認識猜疑、嫉妒的危害，從而自覺改正。

5.體諒瞭解：妻子愛「吃醋」確實給丈夫帶來一些苦頭，丈夫也應從積極方面考慮，畢竟她這樣做是真心疼愛丈夫，深怕失去丈夫。從這個角度去看待妻子，火氣就會消失，丈夫就能冷靜下來，認真幫助妻子克服這一缺點。只要丈夫心懷坦蕩光明磊落，大多數妻子會化猜疑為信任，矢志不渝忠於愛情，從而更加敬重丈夫，夫妻關係會更加親密無間。

不揭人短

是不是有這樣的時候，你只說了一些極其平常的話，可是卻使別人勃然大怒？是不是有這樣的時候，你和你的女朋友，在公園裡漫步閒談，可是忽然間你的女友，低頭無語，黯然垂淚，任你怎樣安慰，她也不聲不響？等你費盡心機，變換種種方式，然後才使你的女朋友回心轉意，化嗔為喜。然後，你再細心查問她為什麼忽然生起你的氣，這時，才知道這是因為你說了一句本來是無關緊要的話。

有許多人抱怨女朋友，常常在突然之間對他的態度大變，也不知何故。倘若他也下過一番細心查問的工夫，恐怕也可能是因為他自己的無心之失，說了一些傷了對方感情的話。

這種種看來好像是不可思議、莫名其妙的事情，其實就是因為人人在聽你的話時，都有他們的歷史背景。如果你不知道他們的歷史背景，那麼，你就覺得他們實在太過小氣，為了一句兩句極其平常的話，也會這樣精神緊張，小題大做。你覺得他們真是一些不可理喻、無事生非的人。

你會向他們搖頭、歎氣。你會從心底，對他們產生一種鄙視的心理，你會暗中對他們不以為然。這時，你也就等於對他們有了成見。這成見也就會影響你對他們的態度。這態度就使你對他們增加了誤解，在相處上更多了一些困難。因為在以後又有類似的事情發生的時候，你心裡就會這樣想：又來了，真是拿他沒辦法。像這樣的人，怎麼能夠跟他相處呢？

你有了這種念頭，你對他說話的聲調態度，就會在不經意中流露出來，使他發生反感。甚至有時候，你還會規勸他們，說服他們，好心好意地想糾正他們的錯誤，批評他們不當的

待人接物。結果怎樣呢？恐怕只會事與願違，徒使彼此之間更多一些不滿和摩擦。

這並非因為你的動機不好，也並非因為你自高自大，而是因為你缺乏精細的分寸感，不能從細微處、不引人注意之處探查他們的真意，看不出他們在聽你說話時，都有什麼樣的歷史背景。

他們心理上存在著的歷史背景，就像是一種底色。當我們在一張白色的紙上畫圖時，我們的畫筆塗什麼顏色，就是什麼顏色，紅就是紅，綠就是綠。可是，當你的面前，並非是一張白紙，而是有了底色的紙，那麼，你的畫筆塗在紙上時，就不是原來的顏色了。你必須對顏色有精細的分寸感，細心加以調整，才能夠在紙上畫出你所要求的色彩來。其實，倒過來看還不是一樣嗎？你自己的心裡，也是一樣有底色的。誰要是在無意中，一句話碰到你心上的傷口，你也會感到痛苦和激動的。

因此，當你面對著一個人講話時，就要考慮到他心上有什麼樣的歷史背景。

交心

別讓誤會成為拓展人脈的絆腳石

作　　者　孫大為

發 行 人　林敬彬
主　　編　楊安瑜
統籌編輯　蔡穎如
責任編輯　林芳如
美術編排　曾竹君
封面設計　曾竹君

出　　版　大都會文化　行政院新聞局北市業字第89號
發　　行　大都會文化事業有限公司
110台北市信義區基隆路一段432號4樓之9
讀者服務專線：（02）27235216
讀者服務傳真：（02）27235220
電子郵件信箱：metro@ms21.hinet.net
網　　址：www.metrobook.com.tw

郵政劃撥　14050529 大都會文化事業有限公司
出版日期　2007年6月初版一刷
定　　價　199元

ISBN　978-986-6846-13-7
書　　號　Growth-018

Metropolitan Culture Enterprise Co., Ltd.
4F-9, Double Hero Bldg., 432, Keelung Rd., Sec. 1,
Taipei 110, Taiwan
Tel:+886-2-2723-5216　Fax:+886-2-2723-5220
E-mail:metro@ms21.hinet.net
Web-site:www.metrobook.com.tw

◎本書如有缺頁、破損、裝訂錯誤，請寄回本公司更換。

版權所有・翻印必究
First printed in Taiwan. All rights reserved.

國家圖書館出版品預行編目資料

交心－別讓誤會成為拓展人脈的絆腳石. / 孫大為 著.
-- 初版. -- 臺北市：大都會文化, 2007[民96]
面；　公分. --（Growth；18）
ISBN 978-986-6846-13-7 (平裝)
1. 人際關係
177.3　　96009136

心靈特區．Growth系列　精選暢銷書

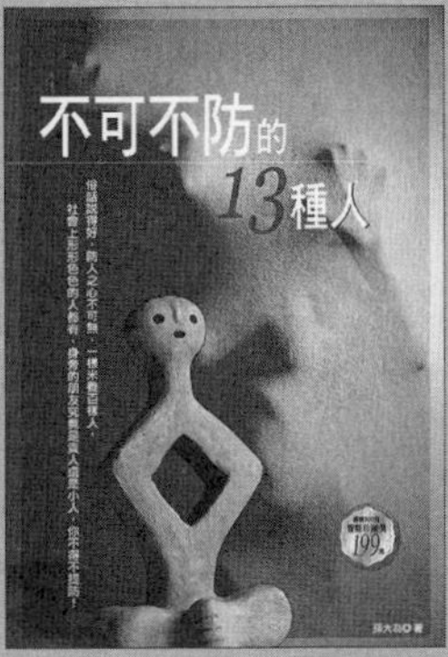

Growth 014

不可不防的13種人

作者：孫大為
定價：199元　　頁數：320頁
ISBN：978-986-7651-97-6

人類是群居的動物，特別是在職場上打拚的你我，更需要學會圓滑而不得罪上司、客戶和同事的交際手法，同時多花點心思去觀察別人，以保障自己的生存權。尤其是面對那些「笑面虎」、「大嘴巴」和「牆頭草」等13種陰險人士時，絕對要睜大眼睛、慎思明辨，因為這些有心機的交際高手，往往是斷送你前途的小人。

Growth 015

不可不知的職場叢林法則

作者：孫大為
定價：199元　　頁數：320頁
ISBN：978-986-6846-03-8

當你在工作能力上精益求精、力求表現時，別忘了要適時地藏拙，學會使用「保護色」才能左右逢源。當然，還要記得不跟主管或前輩搶功勞，避免小辮子讓人抓上。因為主管往往是把你犯的過錯看得最清楚的人，他手裡可還握著你的飯碗。如何讓主管一直相信你，讓你貴人不斷、小人不犯，這一回的職場叢林戰，保證讓你成功突圍，連勝好幾關！

不是好書不出版　*Special Books For Someone Special*

心靈特區．Growth系列　精選暢銷書選

Growth 017

不可不慎的面子問題

作者：孫大為
定價：199元　　頁數：336頁
ISBN：978-986-6846-08-3

人心非常奇妙，尤其是「面子」這個東西，它可是社會裡一項相當特殊的產物，不但自己要有，別人也要有。給人面子，會讓你在人際交往的過程中，如入無人之境，四處受人敬重與歡迎；相反的，不給人留點情面，保證你做起事來舉步維艱，不但周遭沒人挺你，甚至有可能遇上挾怨報復的事件。所以，別再傻傻地數落對方了，顧一下彼此的面子吧！

Growth 018

交心－別讓誤會成為拓展人脈的絆腳石

作者：孫大為
定價：199元　　頁數：320頁
ISBN：978-986-6846-13-7

雖說四海之內皆兄弟，行得正、坐得穩，朋友到處都是。然而每當麻煩事一來，真正的「麻吉」卻屈指可數，反而因誤會而漸行漸遠的朋友不計其數。誤會可說是人際交往間的一道牆，古人可以為知己者而死，現代的我們又怎麼能因為芝麻綠豆般的該死誤會而失去最重要的朋友？

不是好書不出版　*Special Books For Someone Special*

交心
別讓誤會成為拓展人脈的絆腳石

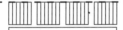

北區郵政管理局
登記證北台字第9125號
免　貼　郵　票

大都會文化事業有限公司
讀者服務部收
110台北市基隆路一段432號4樓之9

寄回這張服務卡（免貼郵票）
您可以：
◎不定期收到最新出版訊息
◎參加各項回饋優惠活動

大都會文化　讀者服務卡

書號：Growth 018 交心－別讓誤會成為拓展人脈的絆腳石

謝謝您選擇了這本書！期待您的支持與建議，讓我們能有更多聯繫與互動的機會。

A. 您在何時購得本書：________年________月________日

B. 您在何處購得本書：____________書店（便利超商、量販店），位於　　　　（市、縣）

C. 您從哪裡得知本書的消息：1.□書店 2.□報章雜誌 3.□電台活動 4.□網路資訊
5.□書籤宣傳品等 6.□親友介紹 7.□書評 8.□其他________________________

D. 您購買本書的動機：（可複選）1.□對主題和內容感興趣 2.□工作需要 3.□生活需要
4.□自我進修 5.□內容為流行熱門話題 6.□其他______________________________

E. 您最喜歡本書的：（可複選）1.□內容題材 2.□字體大小 3.□翻譯文筆 4.□封面
5.□編排方式 6.□其他__________________

F. 您認為本書的封面：1. □非常出色 2.□普通 3.□毫不起眼 4.□其他______________

G. 您認為本書的編排：1. □非常出色 2.□普通 3.□毫不起眼 4.□其他______________

H. 您通常以哪些方式購書：（可複選）1.□逛書店 2.□書展 3.□劃撥郵購 4.□團體訂購
5. □網路購書 6. □其他__________________

I. 您希望我們出版哪類書籍：（可複選）1.□旅遊 2.□流行文化 3.□生活休閒
4.□美容保養 5.□散文小品 6.□科學新知 7.□藝術音樂 8.□致富理財 9.□工商管理
10.□科幻推理 11.□史哲類 12.□勵志傳記 13.□電影小說 14.□語言學習（____語）
15.□幽默諧趣 16.□其他__________________

J. 您對本書（系）的建議：____

____

K. 您對本出版社的建議：____

____

讀者小檔案

姓名：____________________　性別：□男 □女　生日：____年____月____日

年齡：□20歲以下 □20～30歲 □31～40歲 □41～50歲 □50歲以上

職業：1.□學生 2.□軍公教 3.□大眾傳播 4.□服務業 5.□金融業 6.□製造業
7.□資訊業 8.□自由業 9.□家管 10.□退休 11.□其他______________

學歷：□國小或以下 □國中 □高中／高職 □大學／大專 □研究所以上

通訊地址：____

電話：(H)________________ (O)________________ 傳真：________________

行動電話：__________________ E-Mail：________________________________

◎謝謝您購買本書，也歡迎您加入我們的會員，請上大都會網站
www.metrobook.com.tw 登錄您的資料，您將不定期收到最新圖書優惠資訊及電子報。